ちくま学芸文庫

フィヒテ入門講義

ヴィルヘルム・G・ヤコプス
鈴木崇夫 パトリック・グリューネベルク 訳

筑摩書房

まえがき

この入門書は、フィヒテ生誕二五〇年を記念して私が二〇一二年の夏学期にミュンヘンのルートヴィヒ・マクシミリアン大学〔通称ミュンヘン大学〕でおこなった講義がもとになっています。同じ内容の講義を私は、フィヒテ没後二〇〇年を記念して、二〇一三年から二〇一四年にかけての冬学期に同大学でもう一度おこないました。その講義用の草稿に加えて、〔フィヒテの生地である〕ラメナウで開催されたフィヒテの生誕二五〇年記念式典での招待講演も、本書に収録してあります。講義や講演で私が目指したのは、フィヒテ哲学を理解しやすくすること、そしてフィヒテ哲学との本格的な取り組みに向けて聴講者の背中をおすことでした。また、フィヒテ哲学に接する人びとが陥りがちな誤解を取り除くことも、講義の目的でした。このような思いは本書にも受け継がれています。

ひとりの哲学者の思索をどう解釈すべきなのか、また、その思索がどのくらい真理に的中しているのか、ということを入門書でことこまかく吟味するのは、入門という目的にとってふさわしいことではありません。そんなことをしたら入門書の役割を果たせなくなってしまうというわけではないのですが、少々煩わしくなるのは確かだからです。そのため本書では、そういう作業には立ち入りませんでした。ただし、フィヒテの思索について世間にひろまっているお粗末な誤解や的外れな説明はやはり取り除きたいと思いますので、それらに対する論駁はしるしておきました。

入門という目的をもつこの本のために、数あるフィヒテの著作から私が選んだのは、それ自体入門書的な性格をもつ本と、著者であるフィヒテ本人が一般読者向けと呼んでいる本です。それらに加えて、『知の理論全体の基礎』〔『全知識学の基礎』と訳されることが多い〕の第一部も取り扱います。そうするのは、この本が、フィヒテ哲学を理解するための土台を提供するものであり、また――『ドイツ国民に対する連続講演』〔『ドイツ国民に告ぐ』と訳されることが多い〕とともに――いまでも一般にひろく知られている本だからです。そしてさらに、『知の理論の諸原理による自然法の基礎』と『知の理論の諸原理による道徳論の体系』の各前半部も取り扱うことにします。この二冊の本は、歴史哲学や宗教哲学にかんする一般読者向けの一連の本を読むうえで参考になるからです。

入門のための講演や本に接すればフィヒテ自身が書いたものはもう読まなくてよい、などとけっして思わないでください。入門書は、あくまでフィヒテの著作を理解するための手助けであり、実物を読んでみようと思っていただくことをこそ目指しているのです。最終的にはあなた自身がフィヒテの本を読んでその内容を考え、理解し、ときにはそれを批判しようとすることが必要です。これは、フィヒテ本人がくりかえし強調していることです。私たちはフィヒテの次の言葉を自分の胸にきざむべきでしょう――「考えるべき（中略）ことをほんとうに考えたと言えるのは、（中略）あなたが自分でそれを考え抜いた（中略）場合にかぎられる」[1]。ですから私は読者の皆さんに、みずからフィヒテとともに考えてくださるよう、ぜひともお願いしたいと思います。

フィヒテの著作には、自分の思索を伝えたい、という強い思いが貫かれています。なにかを考えるということは、ひとつの運動といえますので、その一局面にしがみつくわけにはいきません。どんな哲学書を読む場合にも気をつけるべきなのは、言葉にこだわるあまり、思考することの生き生きとした躍動を忘れ去ってしまうことです。フィヒテ自身、この危険に気づいていて、重要な言葉でさえ、固定的には使わないほうがよいと考えていました。そのため、フィヒテの本を読むときはつねに、思考するプロセスそのものを理解するように努めていただきたいと思います。言葉は、思考のプロセスを指し示すいわば標識にすぎないのです。この助言は、フィヒテの本を読みすすめるうえではじめはかえって邪魔な感じがするかもしれませんが、なるほど有益なものであるということがだんだんわかってくるはずです。

フィヒテの哲学と彼の人生とは深く結びついていました。なぜなら、ある哲学的な洞察を得たことが、彼の人生を決定づける大事件となったからです。それは、カントの『実践理性批判』を読んだことでした。フィヒテ哲学についての理解を深めるために、この本でも彼の生涯について少し触れておくことにします。なお、フィヒテの人生についてもっと詳しく知りたい人は、二〇一二年にフィヒテ生誕二五〇年を記念して出版された私の著書『フィヒテ評伝』(*Johann Gottlieb Fichte: Eine Biographie*)をご覧ください。

一般公開された講義の折にはいつも、聴講くださる方々の熱心さと鋭い質問によって、講義内容(この本の内容でもあります)をあらためて練りあげる機会と励ましをいただきました。そのことについてこの場で心から感謝申しあげます。

註

(1) GA II 8, 4 f.; SW X 91.

日本語版へのまえがき

この訳書の原著は、フィヒテの没後二〇〇年の節目である二〇一四年に、ドイツ語で出版されました。この本は、フィヒテに関心を寄せてくださる人びとを、彼の哲学へと、すなわち彼が知の理論と名づけているものへと導くことを目指しており、ひいては、フィヒテが考え抜いたことがらを今日の読者に理解してもらうことを目指しています。ある哲学に取り組もうと思うならば、まずはその哲学を理解しなければなりません。私は、この本でそうした理解に貢献できたらと望んでいます。ただし、この本に目を通せばフィヒテの著作を読む必要はない、などとは思わないでください。この本で私ができることは、そしてしようと思っていることは、そういうことではなく、フィヒテの著作を読むことへのハードルを下げるということなのです。誰かがすでにつくりあげた哲学についてその思考の筋道をたどる場合でさえ、哲学というものは、各人がそれぞれ自分の頭で自立的に思考することを求めてきます。フィヒテ自身、哲学とはそういうものであると、哲学本来の伝統に立って強調しています。このような自立的なやりかたでフィヒテの哲学についてじっくり考えてみようと思う人の手助けをすることが、この本では目指されています。つまり、この本の目的は、フィヒテ哲学との取り組みを活性化させることに、そしてそのことをつうじて最終的には、哲学するという営みそのものを促進することにあるのです。フィヒテは自分の哲学によって人生に明確な方向を指し示そうとしました。しかも、自分が生きている時代の人間の生に対してだけではなく、そもそも人間が人間として生きているかぎり、あらゆる人間の生に対してあてはまるような指針を提示しようとしたのです。そうであってみれば、知の理論は、それにふさわしい細心の注意を払って吟味される必要があります。最も望ましいのは、知の理論と同様に真理に到達しようと努めている他のさまざまな哲学的理論と比較しながら、知の理論をよく検討してみることです。

知の理論は、しばしば誤解されてきました。そればかりか、悪用もされてきました。こうした誤解や悪用をなんとしても防ぎたいという思いが私にはあります。これは、日常生活についても言えることです。もし、会話する相手の言うことを、理解しない、あるいは理解しようとしないならば、話がかみあわなくなってしまうのですから。

ドイツからは遠い日本にも、フィヒテの哲学に親しんでいる方々が以前からいらっしゃいます。

今回の翻訳によって、フィヒテを友とする人びとの輪がさらに広がり、それとともに、哲学の営みがいっそう多声的なものとなることを願っています。

フィヒテの哲学は、他の哲学と同じく、みずからが真理であるという主張を掲げています。フィヒテの哲学に取り組むにあたって、この主張を無視することはできません。真理を洞察できるかどうかは、結局、一人ひとりの人間にかかっているので、この本がそういう洞察の代わりをつとめることはできません。読者の皆さん、洞察を手にするというこの課題を担えるのは、皆さん自身をおいて他にいないのです。私がこの本で提供したいと思っているのは、皆さん自身の取り組みが成功するための手助けです。じっさいに取り組むのは、皆さん自身です。この本や他の本で述べられていることに同意、あるいは全面的に賛同したとしても、それは、みずから取り組むことへの促しとはなるかもしれませんが、それ以上の意味はもちません。

哲学の研究〔Studium〕は、このドイツ語に対応するラテン語 studium から明らかなように、努力であり、苦労をともなうものです。とはいえその苦労は報われます。その時々にめぐりあう哲学をしっかりと把握するならば、さらにその先へと考えを進めることができますし、そうできることはよろこびをもたらします。読者の皆さん、苦労に対するこうした報酬を皆さんが手にできることを切に願っています。

最後に、私のこの著作の翻訳者である鈴木崇夫さんとパトリック・グリューネベルクさんに心から感謝の言葉を申し述べたいと思います。鈴木さんとは、彼が研究休暇でミュンヘンに一年間滞在なさったとき以来、よき友人でありつづけています。「翻訳」というドイツ語〔Übersetzung〕は、もともとは具象的な言葉であり、一方の岸から他方の岸へと人や物を舟で渡すことを意味しています。今回、一冊の本がドイツの岸から日本の岸へと移されなくてはならなかったのであり、しかも、原著で述べられていることの意味と意義が保たれたまま移されることが必要でした。この大変な仕事を果たしてくださったことに対して、私は両氏に心から感謝しております。また、この翻訳を出版してくださった筑摩書房にも感謝申しあげます。そして、この本が広い読者層に受け入れられることを願っております。

アイヒェナウにて、二〇二〇年十月
ヴィルヘルム・G・ヤコプス

目次

フィヒテ入門講義

第一章　哲学へのフィヒテの道程

フィヒテは一七六二年五月十九日にザクセン地方のラメナウという小さな村で、職人の家に生まれました。ひとの助けなしに自力で頑張ろうとする並々ならぬ気概が、つまり自主自立の気性が、フィヒテには幼い頃からそなわっていたようです。

フィヒテの才能に人びとが気づいたのは、ラメナウの城においてでした。城主の友人であるミルティッツ男爵が城を訪れたとき、せっかくだからこの地の牧師の説教を聞いてみたいと言いだしたことが、きっかけとなったのです。その日、説教はすでに終わっていました。そこで城主は、八歳になるかならないかのフィヒテを城に呼びつけます。少年フィヒテは、その日の説教の内容をきちんと理解したうえで、情熱をこめて説教を完璧に再現しました。ミルティッツ男爵は、この少年にしっかりとした教育をほどこす決心をします。男爵の意向でフィヒテは、一七七四年、高度な教育を受けるためにシュールプフォルタへ向かうことになります（「シュールプフォルタ」は、もともとは地名だが、そこにある学院名としても用いられる）。ここで少年フィヒテは、啓蒙思想を知ることになります。とくに、レッシングとゲッツェとの論争から強い印象を受けたようです。啓蒙思想との出会いによってフィヒテが学んだのは、なにごとも鵜呑みにせず、自分自身の頭でよく吟味し、考えるということでした。

十八歳でフィヒテはシュールプフォルタを卒業すると、大学で神学と法学を学びはじめます。しかし、学位を取得することは叶いませんでした。男爵からの援助を当てにできなくなったあと、フィヒテは家庭教師の仕事によるわずかな収入で暮らしを維持せざるをえなくなります。優れた能力をもち、教養も積んだフィヒテですから、ものごとをただそのまま受け入れてしまうようなことはありません。どんなことについても、いったいなぜこれはこうなのか、と彼は考えます。その問いに対する答えは、目の前にある結果や帰結へといたったのは必然的なことであったと納得せざるをえないような原因や理由をあげます。ところで、必然的であるとは避けようがないということですから、人間の意識作用は必然的なものによって決定され、拘束されていることになります。こうして、人間の行為もさまざまな原因によって完全に規定されているのだと思うなら、人間に自由の余地はなくなってしまいます。当時のフィヒテは、自分が因果関係によって決定されていると考えざるをえませんでしたが、自分のことは自分で決定したいという幼い頃からの性分である強い自立心を押さえつけることもできませんでした。必然と自由というこの二つのものを一致させられないでいたのです。彼は葛藤に陥り、途方に暮れていました。

そんなとき、ひとりの大学生が、すでに二十八歳になっていたフィヒテにカント哲学への手ほどきを求めてきました。生活費が底をついて困っていたフィヒテは、この申し出を受け入れ、カント哲学を研究します。カントの『純粋理性批判』を読んだフィヒテは、完全に決定されている自然、という概念をそこに見いだします。自然という言葉をカントは、とても狭い意味で使っています。この言葉はカントの場合、さまざまな自然法則をつうじて私たちが知っているものだけを指しているのです。自然法則は、私たちの思考の法則に、すなわち、それがないと私たちがまったく思考を働かせられないようないくつかの法則にもとづいています。たとえば、因果法則もそのような思考法則の一種です。こうしてカントは「自然」という概念を、さまざまな法則に従って私たちに現象することを私たちが知っているものに限定して使っています。したがって、そういう自然を超えたところにあるものについては、法則に従っているとも、法則に従って決定されているとも、言えないことになります。このようにしてカントは、自由が成り立つ可能性を、自然の外部に残していたのです。

カントは自然を、法則によってすみずみまで決定されているものと考えているので、自然の出来事はすべて法則によって条件づけられており、そこに自由の余地はありません。ですから、自然の必然的なありかたとは逆に、自由とは、なにものによっても条件づけられていないことであると考えられなければなりません。したがって、意識のなかになにか条件づけられていないものを示すことができれば、自由が示されたことになりますし、自由をたんなる概念ではなく現実のものとして示すことができたということになります。ところで人としての義務ということにかんする意識には、義務は条件つきのものではなく絶対的なものだ、という意識が伴っています。義務の意識は、自然に根ざすさまざまな欲求をまったく考慮に入れません。そういう欲求を私たちは誰もが感じとっているわけですが、生命を維持するうえで必要不可欠な自然的欲求にさえ義務の意識は譲歩しないのです。したがって義務というものを説明するにあたっては、すみずみまで法則によって決定されている自然に依拠するわけにはいかないことになります。ですから、自然の対極にあるものに、つまり理性に着目しないなら、義務については説明できないのです。義務とは、たとえば権力者の命令のように外側から押しつけられるものではなく、理性がみずから与える掟だということになります。みずから義務を課すのですから、理性は自律的である、つまりみずからに法則を与えるものであると言えます。誰か人間が命じているのではなく、理性が自発的に命じているのです。自由とは、なによりもまず、理性の自律なのです。さて、自分にみずから法則を与える者は自由です。自然とはちがい、理性は、掟を課すことで自由なのです。そしてそれだからこそ、その掟が課せられている者も、その掟に従うことも従わないこともできるという点で、自由であるのです。

『純粋理性批判』の次に取り組んだ『実践理性批判』の研究をつうじてこうした洞察を得

たとき、自分はひとつの「革命[1]」を体験した、とフィヒテは書いています。一七九〇年の晩夏に書かれた手紙には、この革命という言葉は出てきませんが、次のようにしるされています――「『実践理性批判』を読んで以来、ぼくは新しい世界に住んでいる[2]」。鋭い知性をもち、ものごとの根拠を問いきわめようとする若者フィヒテは、カント哲学を知ることで、自分が自由だとただ感じているだけの者ではなく、自分が自由であることを概念によって把握している者となったのです。葛藤は解消されました。「頭と心[3]」が葛藤に打ち克った、と彼は書きしるしています。彼の手紙は、経済上の困窮が続いているにもかかわらず、突如として朗らかで喜びにあふれたものになります。カントの『批判』によってフィヒテは、自分の足で立てるようになったのです。このようにフィヒテの哲学と人生とは緊密に結びついていました。フィヒテにとって人生は、哲学によってはじめてその意味を確信できるものとなったのですから。ここに、つまり理性の自律に、フィヒテの思考の源泉があります。それ以後、この源泉が枯渇してしまうことはありませんでした。

ほどなくフィヒテはケーニヒスベルクに向かいます。彼がカントを訪問したとき、カントは、数日後の昼食会にフィヒテを招待しました。自分を訪ねてきた人をこのようにもてなすのは、カントにとってふつうのことでした。やがてフィヒテの所持金は底をついてしまいます。フィヒテは、自分が書いた草稿を添えて、借金を無心する手紙をカントに出しました。幾日かしてからカントは、借金の申し出には応じられない旨をフィヒテに伝えます。金を貸すことはできないが、草稿はよく書けているので、それを知りあいの出版社に推薦し、前金をフィヒテが受け取れるように取り計らうつもりだ、とカントはフィヒテに書き送ったのです。カントはほんとうにその言葉どおりにしてくれました。こうして、フィヒテが思いもしなかったような素晴らしいやりかたで、カントはフィヒテを援助したわけです。フィヒテは自分の身に起こったことがすぐには信じられませんでした。自分を自由にしてくれた本の著者その人が、自分の書いたものを評価してくれたのですから。しかも、それだけではありません。カントの著作によってフィヒテは自分の足で立てるようになったわけですが、その足で前進していくきっかけを、カントがみずから自分に与えてくれたのです。

フィヒテの本のタイトルは『あらゆる啓示を批判する試み』といい、フィヒテがカントから受けた感動を考えれば当然のことですが、カント的な様式で書かれています。「批判」という言葉がすでにそのことを暗示しています。当時、宗教哲学についてのカントの著作を多くの人が待ち望んでいました（その後ほどなくカントの宗教論がじっさいに出版されることになります）。そのような期待があったので、出版社はフィヒテの本の表紙を二種類印刷しました。著者の名前がしるされているものと、しるされていないものとの二種類です。名前があるほうの本をケーニヒスベルクとその近郊で配本し、名前のないほうの本を神聖ローマ帝国全土で配本したのです。ケーニヒスベルクとその近郊以外の場所では、この本がカントのものだとみなされました。哲学の専門家たちも、そう考えました。それにとどまらず、最も影響力の大きな書評新聞である『一般文藝新聞』も、著者としてカントの名をあげたのです。本が出たのは春です。八月になってカントはそういう誤解が広まっていることを知り、真の著者はフィヒテであるという、フィヒテにとっては名誉な宣言を『一般文藝新聞』に掲載しました。これによってフィヒテは、一夜にして哲学界の寵児になりました。即座にフィヒテはカントに対して、出版社のしたことに自分はいっさい関与していないと言明しています。

その後フィヒテはチューリッヒに向かい、一七九三年にその地で結婚します。結婚以前にフィヒテは、さらに二冊の小品を世に送りだしました。出版の自由の制限に反対する冊子と『フランス革命についての公衆の判断を正す』です。二冊目の本の冒頭でフィヒテは、考えかたについてのカントによる革命を、国家にかかわるフランス革命よりも上位に置いています。

『一般文藝新聞』はさっそくこの哲学界の寵児を書評者の一人に加え、論争を引きおこすことが確実と思われていた一冊の書物への書評を依頼してきました。その書物は匿名で出版されたもので、古代の懐疑論者の名にちなんでエーネジデムスというタイトルがつけられていました。(4) この『エーネジデムス』は、カントの哲学理論を拡充するという、イェーナ大学の教授ラインホルトによる企てに異論を唱えています。自分の哲学は普遍的な妥当性をもつというカントの主張をラインホルトは肯定しますが、それと同時に、カント哲学が普遍的に妥当しているわけではないことも、つまり皆がカント哲学を受け入れているわけではないこともラインホルトにはわかっていました。ラインホルトはこの状況をなんとかしたいと考え、自分の思考の出発点に、誰も否定できない事実を、つまり、私たちがあれこれの表象をもっているという事実を据えました。誰も否定できない、となぜ言えるのかというと、それを否定する人は、自分が否定していることについての表象をもっているからです。表象が表象としてあるためには、当然にも、その表象そのものと、表象する主観と、表象される対象とが不可欠です。この三つの要素が意識においては、相互に区別されるとともに相互に結びついてもいます。このことはすぐにわかることですし、反論もできません。ただしラインホルトは、意識におけるこの三つの要素の相互関係を根本命題として提示しました。その命題とは、「意識においては表象が主観によって、主観と客観とから区別され、また主観と客観とに関係づけられる」というものです[5]。しかしながら、この反論不可能な事実が根本命題だという主張に対して、『エーネジデムス』の著者は反論を加えました。なぜなら、この根本命題は、右の三つの要素を、すなわち、表象と主観と客観とを区別しつつ関係づけるという作用を前提しているので、じつは根本命題ではない、と著者であるシュルツェは考えたからです。この反論が正しいことを、フィヒテは認めざるをえませんでした。

理論哲学についてしか論じられていないという点はとりあえず度外視するとして、『エーネジデムス』という本は、その時代の哲学の最先端に位置していました。したがって、カントとラインホルトの思索は、その批判に呑みこまれてしまいそうになっていたわけです。これに対してフィヒテがなにか言うのなら、彼自身が時代の哲学をさらに先へと推し進めなくてはなりません。思索するにあたって手本となる先行者は、もはや存在しないからです。フィヒテ自身が前人未踏の領域に突き進み、自分で道を切り開いていかなくてはならないのです。

なにかとなにかを区別するとき、区別するというまさにそのことによってそれらを関係づけている——これは明らかです。区別することと関係づけることとは、意識の働きであり、この二つの働きは表裏一体です。区別し関係づけるのは、意識なのです。フィヒテがあらたに考え進めたことは、次のように表現できます——区別し関係づけるのが意識であるなら、この二つの働きにおいて意識は同じ一つの意識でなくてはならない。ところで、このことが意味しているのは、意識は、ほかのあらゆる働きに先立って、みずからがそういう同一の意識であることをわかっていなくてはならない、しかも、こうした働きのすべてを遂行する同一の意識であることをわかっていなくてはならない、ということです。この意識は、意識それ自身についての意識、言いかえるなら、意識がみずからを意識しているその意識、つまり自己意識でなくてはなりません。意識にはその意識自身がわかっているというこの作用は、区別し関係づけるいっさいの作用に先立っているので、区別し関係づけるという作用の条件であり、しかも最上位の条件なのです。

こう言うとなにか複雑な話に聞こえるかもしれませんが、じつは私たちにとってとても身近なことを言葉にしているだけなのです。私たちは皆、意識がなんであるかを知っています。知っていますが、私たちはそのことを学んだわけではけっしてありません。というのは、どんなことであれ学ぶためにはすでに意識がなくてはならないからです。意識がなんであるかを私たちは証明することもできません。というのは、証明することも、あるいは証明を理解することも、意識を前提しているからです。そして意識がなんであるかを知っているからこそ、私たちは自分が知っているもの〔＝知の対象〕を、知っているという作用〔＝知の働き〕それ自身から区別しつつ、その作用へと関係づけることもできるのです。こういうことはすべて私たちにとってあまりにもあたり前なので、哲学をする場合でなければ、よく考えてみようとはけっしてしないことがらなのです。

意識のこのような根本構造に類似していることが、日常生活にもあります。「私」と言うとき、いったい誰のことを念頭に置いているのか、私たちは皆知っています。そこにはなんの難しさもありません。それは、証明してみるまでもなく、私たちにとってあたり前のことです。「私」と言う人は、自分が誰のことを念頭に置いているのかを、つまり、それは自分自身であり、それ以外の誰でもないということを、じかに知っています。私という語を使うときのこの「じかに」ということ、つまり直接性は、自己意識の直接性と共通するものをもっています。そのためフィヒテは、自己意識を私と呼び、この私という語〔の最初のｉ〕を大文字でIchと書いています〔以下では〈私〉と表記する〕。フィヒテは、大文字の〈私〉と小文字の私〔ich〕とをちゃんと区別していて、一人ひとりの個人は小文字の私によってあらわされます。他方、大文字の〈私〉は、あらゆる人間に共通する最も普遍的なもの、つまり、思考や意思や感情を伝えあうコミュニケーションが可能であるための条件として私たちが個々人の意識のうちに前提している最も普遍的なものなのです。もし、かりに私たちの意識が同じ構造をもっていなかったとしたら、私たちのあいだに相互理解は成り立ちようがありません。

〈私〉というこの用語は、現在にいたるまで数々の誤解を引き起こしてきました。この語が指すのは、個々人の意識でもなければ、歴史の特定の時期にだけ人びとに共有されている意識でもなく、意識一般、つまり場所や時代の違いにかかわらず、理性をそなえた者ならば誰もがもっている意識なのです。

『エーネジデムス』の書評――『一般文藝新聞』に一七九四年に掲載された――でフィヒテは、ちょうど自分が発見したばかりの思想をはじめて語りだします。

さて、フィヒテはいったいなにを成し遂げたのでしょうか。彼は、ラテン語で言うならばプリンキピウム〔＝はじまり、開始点、始原、根源、根拠、原理〕、つまり、そこに着目することで意識を理解できるようになる開始点を発見したのです。この開始点からフィヒテは、意識を精確に説明できるようになり、それ以降の一連の著作と講義で意識のありかたについて述べると同時に、そのつどあらたに意識について徹底的に考え抜くことになります。この時から彼は、哲学史が偉大な思想家の一人に数え入れるあのフィヒテになったのです。

註

（1） GA III 1, 193.
（2） GA III 1, 167.
（3） GA III 1, 166.
（4）『エーネジデムス、あるいは、イェーナのラインホルト教授による根元哲学の基礎について――理性批判の僭越に対する懐疑論の擁護をふくむ』出版地名なし、一七九二年。この本の著者はゴットロープ・エルンスト・シュルツェでした。シュルツェは一七八八年からヘルムシュテット大学の哲学の教授職にありました。
（5） Karl Leonhard Reinhold, *Beyträge zur Berichtigung bisheriger Missverständnisse der Philosophen*〔＝『哲学者たちの従来のさまざまな誤解を取り除く』〕, Bd. I, Jena 1790, S. 167.

第二章 『知の理論の概念、つまり哲学といわれるものの概念について』

フィヒテが『エーネジデムス』の書評をまだ執筆中に、ヴァイマールでは、イェーナ大学で空席のできた教授職――ラインホルトは他大学に移籍済み――にゲーテの斡旋によってフィヒテを招聘することが決まりました。フィヒテはこれを受諾し、旅路につきます。一七九四年の五月、三十二歳の誕生日の前日に彼はイェーナに到着しました。講義を担当できるように、この地でフィヒテに大急ぎで博士号が授与されました。

フィヒテは新天地に足を踏み入れたわけで、そのことを自分でも自覚していました。いったいどんな講義をするつもりなのかをイェーナの人びとに知らせるため、フィヒテはチューリッヒにいるあいだに講義の概要をしるした文書を手早く作成し、ヴァイマールでそれを印刷させました。そのため、フィヒテがイェーナに到着する以前に、彼の哲学がひろまる素地はすでにできていたのです。

カントは、「形而上学はどのようにして学問として可能なのか(1)」という問いを立てました。形而上学は昔から哲学の最も重要な部分をなしてきたのですが、この問いにおける

「形而上学」は哲学一般のことを指しています。学問とは、カントにとって、筋のとおった一つの体系をなすような知のことです。体系をなす、ということは意識において成立するのであって、ものごとがおのずと体系をなすなどということはありません。このことをカントは、明確に示してくれました。さてフィヒテが立てる問いは、哲学の知だけに向かうわけでも、なにかほかの学問の知だけに向かうわけでもなくて、知それ自身に、つまり知っているということそれ自身に向かいます。学問や知識は、あるいは知それ自身は、つまり知っているということそれ自身は、どのようにして可能なのか、とフィヒテは問うのです。ところで、知はみずからを、つまり知自身を知っているはずだというのであれば、知はみずからの外に出ていくわけにはいきません。知は、知それ自身についての学問にみずから到達しなくてはならないのです。知は、自分が突きとめる当のことをみずから現におこなっているのです。知それ自身についてのこの学問を、つまり知っているということそれ自身についてのこの学問を、フィヒテは「知の理論」(「知識学」と訳されることが多い)と呼んでいるのです。

フィヒテの『講義予告』が『知の理論の概念、つまり哲学といわれるものの概念について』というタイトルをもつのは、そうした理由によります。ギリシア語に由来する「哲学」という語の意味は、「知をめざす努力」です。カント哲学によって知それ自身が哲学の対象になりましたから、哲学が努力して得ようとするのはもう知ではありません。哲学の担うべき課題は、知を知にもたらすということであり、さらに、知を成り立たせているさまざまな関係の全体のうちで知を叙述するということ、言いかえれば、知を体系として叙述するということなのです。そのためフィヒテは、「哲学」という言葉を「知の理論〔Wissenschaftslehre〕」という新しい造語で置きかえます。この場合Wissenschaftという語は、当時としては一般的なことでしたが、現在よりも広い意味で受け取られています。当時のその意味からすると、この語は、あらゆる知を包括しており、学問的な知だけを意味しているわけではないのです。

精確に言うと、フィヒテが『講義予告』で論じているのは、まだ知の理論そのものではなく、知の理論についての概念です。フィヒテがこの本で果たそうとしているのは、フィヒテと学生たちがこれからなにを「そもそもやろうとしている」のかをはっきりさせることでした(2)。つまりフィヒテは、今後の研究の進めかたにかんする見取り図を描いたのです。自分が追求している目的についてフィヒテははっきりとこう述べています――「この目的を考えることができるからといって、そのことからこの目的を実現できるということはまだ」導きだせない、と(3)。

フィヒテのこの本は三つの章からなっていましたが、三年後に出版された第二版で第三章は割愛されました。この章が、フィヒテにとってもう満足のいくものとは思われなかったからです。ですから私たちもここでは、はじめの二つの章だけを詳しく論じることにしましょう。通し番号のついた七つの節からなるこの二つの章は、それぞれ次のような見出しをもっています——「第一章　知の理論一般の概念について」、「第二章　知の理論の概念の究明」。第一章の課題は、フィヒテが探究し教えようと思っていることがらを、つまり知の理論の概念を提示するということであり、第二章の課題は、この概念がなにを意味しているのか、つまり知の理論によってなにが目指されているのか、を説き明かすことです。フィヒテがここで論じているのは、知の理論そのものではなくて、あくまでその概念にすぎません。知の理論へのフィヒテによる導きをたどってみましょう。

第一章は二つの節からなっています。第一節は、「知の理論の、仮定的に提示された概念」と名づけられています。仮定とは前提ということであり、判断としては「もしpならば、それならqである」というかたちをとります。したがって、仮定的に提示された概念とは、ある条件のもとで提示された概念だということです。概念とは、知の対象です。ところが、知は、知の理論においてはじめて説き明かされる予定になっています。したがって、提示されるべき概念が妥当性をもつのは、その概念を知の理論において証示することができ、また実際に証示する、という条件のもとにおいてだけなのです。知の理論は、知それ自身の体系を探究しなければなりません。この体系のうちに知の理論の概念は、本来それにふさわしい場所をもつわけです。ここでは、どうしても避けようのない循環が、つまり思考のループが姿を現わしています。知の理論の概念ははじめに提示されなければなりません。手順を踏んで考えを進めていくためには、そのことがどうしても必要です。しかし、この概念に従って知の理論が実際に展開されおわるまでは、はじめに提示されたその概念の正当化ができないのです。つまり、それまでは、議論の入り口、議論の開始点の正しさは、証明できないのです。フィヒテは、できるだけ多くの人が承認する事実から出発するしかありません。その事実とは、フィヒテとその時代の人びとにとって——そして彼らにとってだけではなく——、哲学は学問としての知であるという確信です。この確信をフィヒテは開始点に据え、それを前提します。

さらに、知の理論に着手するかどうかは自由です。つまり誰も哲学することを強制されはしないのです。したがって知の理論の概念も、自由に構想された概念です。この概念が適切なものであるかどうかは、あらためて確かめられる必要があるのです。

いずれにしても、フィヒテによれば、知の理論の対象は知それ自身です。私たちはなにかを知っています。たとえば、夏には木々の葉が生い茂り、冬にはそうではない、ということを知っています。この知は、木と葉という内容をもっています。そして、内容とともに形式も、もっています。つまり、一方で肯定という形式を——夏には葉が肯定される——他方で否定という形式を——冬には葉が否定される——もっているわけです。学問的な知は多くの判断を含んでいて、それらの判断を学問的な知がやはり形式によって結びあわせます。その結合をつうじて知において、さまざまな相互関係が生まれ、ひいては一つの体系が成立します。さて、もし私たちが精霊についての体系を考えだしたなら、そういう体系は論理的には筋の通ったものとなるかもしれません。けれどもそれを真理だと主張することはできません。他方で、誰かがカエサルの死んだ年を紀元前四四年だと言うなら、フィヒテはその人について、「この人は、話題の人物〔＝カエサル〕についての知識をもっている[4]」と述べることができるのです。たとえその理由や根拠をあげることができなくても、なにかを知っているということはあります。そこからフィヒテはこう結論します。知っていると私たちが主張するのは内容であって、形式というものはその内容を媒介するために、つまり繋ぎあわせるために必要なのだ、と。

知において重要なのは内容である、つまり、私たちが知っていることがらである、という前提のもとでフィヒテは、次のように言うことができます。そもそも真理があるなら、少なくともひとつの内容が、真で確実で疑う余地のないものとして知られていなければならない、そして、そういう確実性を、その疑う余地のない命題は、ほかのものから引きだすのではなくてみずからそなえているのだ、と。内容は、論理学的観点から言えば判断において示され、文法学的観点から言えば命題において示されます。そういう疑う余地のない命題があるとすればそれは、ほかのあらゆる命題の根底をなすので、根本命題といってよいでしょう。その場合、この内容から確実性が、いくつかの形式をとおしてほかのすべての知に次々と受けつがれていくことになります。

第二節は、「知の理論の概念の展開」という見出しをもっています。知の理論の概念を提示することを可能にする条件は、第一節で詳しく論じられました。それを受けてフィヒテはこの第二節では、この概念のうちにどんな意味が含まれているかを展開してみせます。知の理論は、知とはなにか——つまり、知っているとはどういうことか——、知識あるいは学問とはなにかを問います。個々のあらゆる知識・学問についてそれが知のうちに占めるべき場所を示すことに、しかも正当な根拠をあげながら示すことに成功するならば、知の理論は、個々のあらゆる知識・学問を超えた次元にあることになります。とはいえ知の理論は、それ自身ひとつの知識・学問であることをも証明しなければなりません。知の理論は自分自身を根拠づけなければならないというこの要求を耳にしてすぐ思いつくのは、ミュンヒハウゼン男爵の物語でしょう。男爵は、はまりこんだ底なし沼から、自分の頭髪をつかんで自分のからだを引きあげることで抜けだそうとしました。さて、みずから以外のあらゆる知識・学問を根拠づけるような学問は、さらに言えば、あらゆる知を根拠づけるような学問は、それ自身にもとづいて理解可能でなくてはなりません。つまり、それ自身にもとづいて理解可能であるような根拠を、根本命題として所有していなくてはなりません。そういう根本命題はほかのいっそう高次の知識・学問から得られるのだというような考えは、想定されているその高次の知識・学問のほうが知の理論になってしまうということを見落としていますし、なによりも、問題がたんに一段階上へずらされてしまっただけだということに気づいていません。あらゆるものの根拠であるとされるものは、根拠づけられません。根拠づけられるとするなら、それ自身、より高次の根拠の帰結であることになってしまうからです。しかし知の理論の根拠がいっそう高次の根拠をもたないのなら、つまり、その根拠の外部にどんな根拠もなく、まったくみずからによって存在しているのなら、知の理論はほかに頼ることなく知それ自身のうちで根拠づけられているのであり、そういう根拠づけが可能なのは、知がその根拠を自分自身のうちにもっている場合にかぎられます。

だとするとフィヒテはやはりミュンヒハウゼンと同じように、自分の頭髪をつかんで底なし沼から自分のからだを引きあげようとするほかないのでしょうか。泥沼にはまりこんだミュンヒハウゼンがそこから自分を引きださなくてはならないのは、自分を支えてくれる根拠を自分のなかにもたないからです。フィヒテの歩む道筋が成功を収めるなら、ミュンヒハウゼンの場合とはちがって、根拠は意識そのもののうちにあり、その外部にあるわけではありません。したがってフィヒテは、男爵とはちがって、どこかから身を引きあげる必要もなく、必要なのは意識のうちへ、より精確にいえば、知のうちへ眼差しを向けること、つまり、自分のもつ知を反省することなのです。ところでフィヒテはいつでもすでに知のうちにあります。知のうちにある根拠を問うその問いは、知を前提としているからです。根拠が見いだせるとするなら、それは知それ自身のうちでのみ見いだせるのです。

この根拠は見いだされなくてはなりません。なぜなら、根拠それ自身は根拠をもたないという前提があるからです。つまり、そこから根拠が導出できるような根拠をもたないからです。こうして、ひとつの思考運動が明らかとなっています。導出といったことは可能ではないので、残るのは、根拠へと戻り行くことだけです。ただしこの遡行にフィヒテはここでは着手していません。それをするのは、今後進むべき道筋を予告するというこの著作の目標を超えてしまうことになるからです。

そのような遡行は、ギリシアで哲学が開始されたときから哲学にはわかっていました。それは、「アナムネーシス〔＝想起〕」と呼ばれています。アナムネーシスは、プラトンが『メノン』で教えるところによれば、自分自身のうちからなにかを取りだします。メノンの奴隷があれこれ推測をかさねたあとでも問題を解くことができず、自分にはわからないとみずから認めるなら、この奴隷は、ソクラテスが強調しているように、知っているということとただそう思いこんでいるだけということとの区別を自分自身のうちから取りだしたのであり、それはつまり思いだしたということなのです。

目指されているのは、知の理論が一つの体系をなすことです。つまり、知の理論においては、部分が相互に関係しあって一つのまとまりをかたちづくらなくてはならないのです。そういうまとまりは、根本命題が表現する究極の根拠によって保証されることになっています。この究極の根拠にそなわる確実性が、あらゆる確実性のいわば保証人なのであり、その確実性が究極の根拠からほかのあらゆる知へとひろがっていかなくてはなりません。確実性のこのような拡張を可能にする手段は、判断の形式、すなわちカントがカテゴリーと呼んだものです。この形式が、すでにフィヒテが述べたように、確実性をそのつどの内容に移しこむのであり、その内容を知っていることが知ということにほかならないのです。

さて、形式と内容との区別をフィヒテは、根本命題の特徴をいっそう詳しく示すために使用します。根本命題では自己根拠づけが考えられています。したがって形式と内容は相互に根拠づけあっていて、両者は一体のものです。後々の反省において示されることになるのは、この区別が本来はまったく成り立たないということなのです。最上位の根本命題は同一性を告知することになるということが、ここでは示唆されています。

私たちの知は、ひとつのことだけではなくてたいへん多くのこと——原理上は無限に多くのこと——を知っているので、あるいは少なくともそうであることが可能なので、知を同一性だけで説明することはできません。フィヒテがここで示唆しているのは、さらに別の二つの根本命題が必要だということです。このことについては、『知の理論全体の基礎』で詳しく論じられています。この著作は次章で扱うことにします。

第二章は、第一章で展開された概念を、すなわち知の理論の概念を究明します。つまり、この章は、「この概念が（中略）さまざまな知識や学問からなる体系において占める場所(5)」を定めるのです。だとすると、知の理論は、個々のあらゆる知識・学問がその各々の場所をそこにおいてもつ空間だということになるでしょう。この構想を実現するためには、第三節で詳しく論じられているように、ことがらを精確に切り分けていく作業が必要となります。続く第四節以降でこの作業が実行されます。

こうして第四節では、「人間の知一般を論じ尽くしたと、知の理論はどの程度確信できるのか」という問いが提起されます。ここで掲げられている要求は、あまりにも大きくて異様なものに見えます。知の理論は、まだまったく発見されていない知識や学問までも取り扱うのだというのでしょうか。いいえ、そうではありません。将来得られる知を知の理論が知っているなどということは不可能です。フィヒテもそんなことはまったく主張していません。この節の表題が明確に述べているように、ここでの主題は人間の知一般なのです。特定の内容をもつ知識・学問が念頭に置かれているわけではありません。そういう知識・学問の数には限りがありません。

ところでそういう知識・学問が知の理論と区別されるのは、原理上その全体を完結できないからです。他方、知の理論は、完結可能なものでなくてはなりません。つまり、知の理論が、前提されている体系を、すなわち知の体系を記述できるためには、知の理論は、確実なものとして想定されている根本命題——より精確にいうなら根本諸命題——を論じ尽くさなくてはならないのであり、それはつまり、根本諸命題のうちにあるものをすべて詳しく論じきらなくてはならないということなのです。その成果は一つの閉じた体系であるでしょうし、この体系によって私たちは体系の開始点に立ち還ることになるでしょう。このように知の理論は循環を特徴とすると言えるのであり、「この循環を躊躇なく容認するのが正しいやりかたである」(6)のです。

第五節では、「知の普遍的な理論によって根拠づけられた特定の種類の知識・学問と、知の普遍的な理論とを分かつ境界線はなにか」が探究されます。問われているのは、個々の知識・学問に対して知の理論がどのような関係にあるのかということです。前節によれば知の理論が詳しく論じるのは、知一般についての知識・学問です。知の理論は、知のあらゆる必要条件を、したがって知識・学問のあらゆる必要条件を提示します。ただし知は多くの規定を、つまり多くの内容をもちます。そういう内容は個々の知識・学問において知られています。個々の知識・学問が知であるかぎりにおいて、知の理論では、それらが知であるとはどのようなことなのかが探究されます。けれども個々の知識・学問は、まさにそれが特定の内容をもつという点で、知の理論とは異なっています。特定の内容を個々の知識・学問が手に入れるのは、自由におこなわれる規定作用によります。ただし、規定作用が自由におこなわれるということは、ここではただ想定可能なだけです。だとすれば、自由な規定作用の可能性は知の理論において立証される必要があるということになるでしょう。ただし、同じことがらをさまざまな観点から〔自由に〕探究できるということは、ここでもさしあたり確認することができます。たとえば植物は、物理学の対象でも化学の対象でも生物学の対象でもありうるのです。

第六節が取り扱うのは、「知の普遍的な理論は、論理学に対してはどのような関係にあるのか」という問題です。あらゆる知識や学問のなかで論理学は特別な位置を占めています。というのは、論理学は知の諸規則の体系だからです。論理的でない思考は、そもそも思考ではありません。論理学は、知の形式にかかわる規準であって、この規準はあらゆる知にあてはまります。ただし、それは、あくまで形式にかかわるだけの規準でもあるのです。知の理論はいつでも、形式と内容をかねそなえています。前節で述べられたことが正しいとするなら、論理学は自由に根ざす行為によって成立します。この行為は、知の形式を明示するという課題を負っているにすぎません。その行為は、知の形式を知から、より精確にいえば知についての知から、したがって知の理論から引きだし、知の形式を浮き彫りにする役目を果たすにすぎません。そうである以上、論理学は、知から、より精確にいえば知の理論から抽出されたものなのです。論理学は内容を捨象し、形式を残します。この抽象作用がかかわるのは、命題や対象ではなく、意識の行ないです。こうして知の形式が論理学の中身となります。そのことをつうじて、この中身、すなわち知の形式は、知識・学問の形式として承認されます。知の形式はこの第二の行ないにおいて知の形式それ自身に関係づけられます。つまり、知の形式は反省され、まさに知の形式としてしっかり保持されるのです。

第七節が問うのは、「知の理論は知識・学問としてその対象に対してどのような関係にあるのか」ということです。知の理論は、論理学とちがって、思考の諸形式だけを提示するのではなく、形式と内容とを、つまりは、意識の行ないにおける両者の統一を提示します。意識の行ないについて私たちはふみこんで考えてみたりはしませんが、いつでもすでにその行ないを私たちはまさに遂行しています。たとえば「この牧草地は青々としている」と言うなら、私たちは牧草地という実体に、青々としているという偶有性〔＝その実体にとって本質的ではない性質、つまりその実体がそのときにたまたま有している性質〕を付加します。判断するとは、すでにカントが教えてくれているように、総合するという行ないです。総合というこの活動には形式がそなわっています。この場合には、実体と偶有性とを一つのものとして結びあわせるという形式です。判断のこのような諸活動の全体を知の理論は提示しようとしますので、それらの形式だけを提示する論理学とは区別されなければなりません。ところで知の理論は、ほかのどの知識や学問とも同じように、自由に選び取られた反省です。知の理論がおこなうことは、そうせざるをえないというわけではなく、ひとつの自由な行ないであり、この行ないは、意識のうちに必然的にあるものを示してみせようとします。したがって、意識は前提されています。知の理論が対象とするさまざまな行ないを、知の理論はその反省作用それ自身において遂行せざるをえません。これもまた循環ですので、ここでも誤解が生まれてしまう可能性があります。この循環の開始点に還り行くというのは、ひとつの消極的な規準にすぎず、その遡行によって得られるのは真理であるかもしれないという可能性であって真理そのものではありません。知の理論も、有限な人間の手になるものなのです。

フィヒテは『知の理論の概念』で、自分がしようと思っていることについての概念を展開しました。人間の知がなにからどのように成り立っているのかを、フィヒテは示そうとしています。知を成り立たせているものどうしの内在的な結びつきは、もしそういうものがあるとしたら、意識のうちでまちがいなく息づいています。その際、それが意識化されているかどうかは別問題です。反省することなしに私たちはこの結びつきを仮定していますす。なんといっても私たちは、自分の知の内容を相互に関係づけており、意識のうちに裂け目があるなどとは思っていないのですから。自分の意識のこういう統一の可能性をフィヒテは探究しているのです。

この点でフィヒテは、今にいたるまでよく誤解されてきました。たとえば次のような文章に出会います——「知識・学問についての知識・学問を提供しようというフィヒテの大胆な企てについては、現実的に考えるなら人はそれを一種の哲学的誇大妄想と呼ぶしかない」(7)。この引用文中の「人」において訴えかけられているのは、考えたり判断したりする能力、つまり、誰もがもっている知性です。したがって、この文章の書き手ももっているのと同じ知性に誰もが従っているということ、その知性にふさわしく判断するということが、想定されているわけです。フィヒテならば次のように反問できたでしょう。知性にそなわるまさにこの〈一つであるというありかた〉という意味での統一を意識に認めていることを理由にしてこの私〔＝フィヒテ〕が誇大妄想狂なのだと言い立てる者は、自分の意識が次のような意識であると、つまり知を成り立たせているものどうしの内在的な結びつきをみずからのうちにもたず、また他者とも共有していないような意識であると考えているのだろうか。だとすればその者は、「人」という表現によって意識の統一を所与のものとして想定しているにもかかわらず、その「人」から自分を除外することにならないだろうか。その者は、ちゃんと考えてものを書いているのだろうか。

フィヒテが『知の理論全体の基礎』の序文でしるしていることは、今でも有効なようです。「私が主張していることをいっさいの吟味ぬきに頭から拒否すること、骨を折るにしても私の主張を歪曲するためだけにそうすること、私の主張をきわめて感情的に誹謗するどんな機会も逃そうとしないこと、罵ること[8]」がなんの役に立つというのか、私には理解できない、とフィヒテは書いているのです。皮肉なことにキューンも同じ箇所から引用しています。ただしキューンの文章では、「人は〔中略〕自分〔＝フィヒテ〕を〔自分の主張していることがらを、ではなく〕「きわめて感情的に」誹謗し、罵った[9]」とフィヒテは書いている、となっています。少なくともフィヒテのこの見解だけは、たとえフィヒテが言っているほかのことはなにも評価しないとしても、そのまま承認しなくてはなりません。

註

（1）KrV B 22.
（2）GA I 2, 119; SW I 46.
（3）GA I 2, 119; SW I 46.
（4）GA I 2, 113; SW I 39.
（5）GA I 2, 127; SW I 55.
（6）GA I 2, 133; SW I 61.
（7）Manfred Kühn, *Johann Gottlieb Fichte: Ein deutscher Philosoph*〔＝『ヨハン・ゴットリープ・フィヒテ——あるドイツ人哲学者』〕, München 2012, S. 196.
（8）GA I 2, 251; SW I 86.
（9）Kühn, *Fichte*, S. 197.

第三章　『知の理論全体の基礎』

　フィヒテの『知の理論全体の基礎』〔『全知識学の基礎』と訳されることが多い〕は、知の理論をはじめて体系的に示してみせたものです。彼は「知の理論」というこの語を二重の意味で使っていて、一方で彼の哲学全体をあらわすために、他方でその哲学の核心部を、つまりその意味での知の理論をとくに指すためにも用いています。この章で取りあげる本の表題中では、二番目の意味が念頭に置かれています。

　フィヒテは『知の理論全体の基礎』を、第一版のその表紙が示しているように、「講義受講者のための草稿として」印刷させました。つまり、講義中にノートをとる手間を学生たちに省いてやろうとしたのです。後になってからようやくフィヒテは、このテキストを書物として公刊する気になりました。フィヒテ自身の判断では、『知の理論全体の基礎』の叙述は完全なものではありません。じっさい、新しい思想の場合、最後まで考え抜いた末にそれを達意の文章で叙述することに最初から成功するなどということは、望んでよいことでもありません。この本がこれまでほとんど理解されてこなかった原因のひとつは、その不完全さにあります。

書名によれば、目指されているのは、あらゆる知の、あらゆる意識の基礎を、より精確にいえば、あらゆる知の、あらゆる意識の原理を示してみせることであり、さらに、知あるいは意識の基礎だけではなく、同時に知あるいは意識の根本構造をも示してみせることです。フィヒテはすでに『講義予告』(=『知の理論の概念、つまり哲学といわれるものの概念について』)で次のことを示していました。それはすなわち、知は、みずからを成り立たせているものどうしの内在的な結びつきを、知それ自身にそなわる形式をつうじて得ている、ということです。したがって、知の形式にかかわる諸要素は、一つの体系をなすかたちで示されなくてはなりません。「体系」というこの語をハイデガーは、そのギリシア語の語源にふさわしく、「骨組み〔Gestell〕」と訳しました。しかしここで、なにかできあがったがっしりしたもの、いわば組み立てられたものを思い浮かべるなら、それはとんでもない誤解といえるでしょう。というのは、知は、すなわち、知っているということは、働きとして理解されなくてはならないからです。知が存在するのは、それが遂行されている場合にかぎられます。体系を生き生きした遂行とみなすのは、体系についての当時の理解にも、とくにカントによる理解にもぴったりと合致しています。カントの理解によれば、体系の原型は有機体としての生物に見ることができるからです。

フィヒテの試みは、日常生活における知からばかりではなく、さらにさまざまな個別の学問における知からもはるかに隔たったところへ導いて行きます。知についての知は、つまり知っているということを知っているということは、たとえそれが即座に意識に浮上してこない場合でも、どの意識にも現存しています。このことは、たしかに指摘できます。たとえばソクラテスはプラトンの『メノン』中で、潜在的な知が現存していることをどのようにして明らかにできるか、プラトンの言葉でいえば、どのようにして潜在的な知を「想起」できるか、をメノンの奴隷に即して示してみせました。けれども、このような日常的な知を学問的な形式で提示することは、つまりそれを反省（＝内省）することは、それの現存を指摘してみせることとはまったく別の課題です。この課題は、私たちが日常生活で意識のうちにもっていることとは大きく隔たっているのです。自分たちのすべきことやじっさいにすることについて、あるいは、自分たちの世界や世界のさまざまな対象について、私たちは話題にします。このような語りに枠をはめ、それを確定し形成するのは、私たちの言語です。フィヒテが、そして私たちが、この言語の根底を究めようとする場合、そのために私たちが手にしているのは、それの根底を究めようとしている当のその言語以外のものではありません。思うに、この根底は、あくまで活動であって、あれだとかこれだとかものとして確定することはできません。それでも、ものごとに枠をはめる言語しかもっていないので、私たちもフィヒテと同様、やむをえずそういう言語でなんとかやっていくよう試みるしかないのです。この困難をフィヒテは、はっきりと意識していました。

それを乗り越えるためにフィヒテは、受講者あるいは読者に協力を求めるしかありません。受講者あるいは読者、つまり私たちは、みずからじっさいに思考を遂行しなければならないのです。フィヒテができるのは、思考すべき課題を言葉で表現してみせることだけです。思考そのものは、いつだって各自が自分自身で遂行しなくてはならないのです。フィヒテのこの要求はなかなか厳しいものに思われますし、またたしかに厳しいものです。この本の著者である私も、フィヒテによって求められていることを自分に課してみました。これはたいへんな骨折りを要しましたが、同時に、大きな知的よろこびをもたらしてくれました。まさにこのよろこびを味わってほしいと、いまこの本を読んでくださっている皆さんに私は願っているのです。

すでに『知の理論の概念、つまり哲学といわれるものの概念について』でフィヒテは、根本命題は、それがじっさいに根本命題であるならば導出できない、ということを指摘していました。根本命題は見いだされなくてはならないのです。この考えは『知の理論全体の基礎』でも維持されていて、こう述べられます——「それ以上遡れない根本命題は、証明することも規定することもできない」(1)。さらに次のこともフィヒテは前著で説き明かしていました。それは、〈一つであるというありかた〉、あるいは、そういうありかたを可能にしている作用、という意味での統一へと知がまずは引き戻されなくてはならないということであり、次に、知のうちに現われてくる多くのものの差異が、さらには統一と差異との関係が、明らかにされなくてはならないということです。こうして三つの根本命題が、三段階の歩みが、出てきます。この歩みをフィヒテは『知の理論全体の基礎』の三つの章でたどります。ただし、「根本命題」という表現をフィヒテはじきに用いなくなります。なぜなら、この表現は誤解を招きやすいからです。目指されているのは、知の客観〔＝客体〕として命題を提示することではなく、精神の行ないの本質を、つまり意識の行ないの本質をとらえることなのです。その一連の行ないが命題として述べられているのですが、重要なのは、対象として定着された命題ではなく、その命題において述べられている当の行ないなのです。

『知の理論全体の基礎』第一章――。端的に無条件の第一根本命題。すでに話したように、開始点を探究し、可能ならばそれを見いださなくてはなりません。導出という手続きは除外されているので、見いだされるものは、指し示すことで人に伝えられます。したがってフィヒテは、知に人びとの注意を向けなくてはなりません。それへと注意が向けられているものは、それを見たいと思う人なら誰でも自分で見なくてはなりません。

とはいえ、まだ別の困難が残っています。原理は、その原理が根拠づけるものとは異なっています。したがって、求められている原理が意識の原理であるというのなら、その原理が意識のうちで意識の原理として現われてくることはけっしてありません。意識のうちに現われてくるものが、想定されているこの原理によっていつもすでに規定されているのは確かですが、この原理そのものはまったくちがいます。ただし、前提によれば、この原理は原理としてあらゆる意識のうちに現にあるはずです。だとすれば、思考の課題は意識の次のような原理を探求することにある、といえます。つまり、あらゆる意識のうちに現にあるが、にもかかわらずその意識のうちに浮上してくるなにかとして現にあるわけではない原理を、すなわち意識の対象として現にあるわけではない原理を探求しなくてはならないのです。私たちがここで取り組むのは——くだけた言いかたをするなら——ものすごく面倒くさい難問なのです。

その原理が意識を規定するというのであれば、誤謬がありうるところにその原理を求めるわけにはいきません。なぜならその原理は、意識に根拠を与えるはずのもの、したがって、根拠づけられた思考を可能にするはずのものだからです。そこでフィヒテは、すでに彼に先立ってラインホルトがそうしたように、疑う余地のないひとつの事実から出発します。感覚によって知覚できることは原理上疑いうる、ということは昔から認められています。したがって、疑いえない事実というものは、意識にとっての事実、いわばいっそう高次の事実でなくてはなりません。それはすなわち、私たちが考えたり表象したりするときに従う論理法則にほかなりません。こうしてフィヒテはA＝Aという命題を出発点にとるのです。この命題は「端的に」成り立ち、「これ以上の根拠をいっさい必要としないで、確実[2]」なのです。

大切なのは、この法則がなにをもたらすかをはっきり理解することです。それが述べているのは、さしあたり、まったくあたりまえのことです。つまり、AはまさにAであってほかのものではない、と言っているのです。Aは形式上の表現ですから、このAの箇所になんでも好きなものを代入してかまいません。たとえば、木は木である、などなんでもよいのです。こういうことはすぐに理解できます。しかしまた、木製の鉄は木製の鉄である、とも言えるのです。もちろん木製の鉄などというものは存在しないので、それについてあれこれ語っても無意味です。けれども、それを無意味であると判定するためには、その語りをまさにそういう語りとして、ほかの語りではないものとして確定しなくてはなりません。ほかならぬそのことを果たすのが、A＝Aという法則なのです。意識に入ってくるものは、かくかくしかじかのものとして、つまり特定の一つのものとして保持されます。そしてなにかが変化するなら、その変化は、保持されている同一性にもとづいてしか認知できないのです。

A＝Aで表現されていることは、その根拠を問う必要がないほど自明です。この法則を私たちはそういうものとしてただ受け入れています。論理学に従事しているのなら、それで済ましてもかまいません。ただし知の理論の場合にはそうはいきません。前に述べたことは、「もしなにかが、つまりAが意識のうちで措定〔定立と訳されることが多い〕されているならば、それならAは措定されている」というふうに理解できます。「措定する」

という表現は、知の理論での用語としては、なにかを意識のうちへととらえる、ということを意味しています。A＝Aの法則が成り立たないといったことは、まったく考えることができません。かりにそれが成り立たないとするなら、成り立たないなにかとしてそれを保持することさえできないだろうからです。「もしAが措定されているならば、それならAは措定されている」は、端的に成り立っています。「もし……ならば、それなら……」というこの結びつきは端的に成り立っているわけです。私たちが意識のうちへとらえるあらゆること、つまり私たちが措定するあらゆることに対して、この結びつきは成り立っているのです。

なにかが措定されているかぎり、その措定されていることすべてにそれぞれ同一性がそなわっている、というこのことを私たちに保証してくれているのが、右で確認した「もし……ならば、それなら……」という結びつきです。保証されているのは、木製の鉄があるということではなく、木製の鉄というものについて語るときの、その語りの同一性です。つまり私たちは文字通りありとあらゆることについて、それぞれその同一性が保持されているものとして語るのです。ところでなにかを同一のものとして措定するなら、この措定する作用それ自身にも同一性がそなわっていると考えなくてはなりません。したがって、ここでフィヒテは、措定されているものからそれを措定する作用へと歩みを進めます。措定されているものに同一性がそなわるなら、同一性をそなえたものとして措定されているそれを措定する作用それ自身も同一性をそなえていなくてはなりません。こうして私たちは、日常での思考を、さらにはさまざまな個別の学問での思考をはるかに超えて、哲学的な反省〔＝内省〕へといたっているのです。この哲学的な反省こそ、知の理論の特徴をなすものです。

明らかになっているのは、措定することは活動であるということです。ここで活動とは、自然力のことではなく、精神的活動、つまり意識の活動のことを意味しています。この区別は、自然の出来事がただそう起こるだけであるのにたいして、意識はみずからの作用の遂行をいつでも意識している、という点にあります。精神的活動はみずからを意識しているのです。ここで私たちは、すでに述べた言語上の困難に突きあたります。意識がみずからを意識しているということを、私たちは主観と客観〔主体と客体、あるいは、主語と目的語、とも訳せる〕という関係に即してしか述べることができないのです。この語りかたでは、活動とその成果とが、つまり行ないと行なわれたこととが区別されてしまいます。それとはちがったやりかたで語ることはできないので、言いたいことを私たちはどうしても的確に表現できないのです。なぜならこの語りかたは、主観と客観とを分離するので、意識の同一性〔＝意識している〈意識の活動〉と意識されている〈意識の活動〉との同一性〕という当の主張内容に矛盾してしまうからです。さらに、「対象」という表現が示しているように、客観は、主観に対してあるもの、主観によって確定されたものです。しかし、ここで主題化されているのは本来、確定されてあるものについての意識ではなく、活動についての意識です。しかも、観察によってとらえられる活動、たとえば自分の呼吸といった活動ではなく、その活動について語ることによって、語る当人がみずからその活動であるような、そういう活動についての意識です。語られていること、つまり、洞察されていることは、その活動それ自身なのです。この意識は、みずからを直接に意識しています。つまり自己意識です。この活動が措定されるときには、「つねにみずからと等しく、つねに一つのまさに同じこれである」(3)なにかとして措定されます。この活動の成果は、つまり行なわれたことは、行ないと同一です。フィヒテが事行〔行なわれた事《こと》=行ない〕という言葉を用いるのは、そのためなのです。

この考えは、否定形の表現を使って逆からも明らかにできます。もしかりに知が、つまり知っているという作用が客観としてだけ、つまり知られているものとしてだけ意識されていて、知っているという作用の遂行それ自身としては意識されていないとするなら、はたして知はほんとうにみずからを知っていると言えるだろうか、と問われざるをえなくなるでしょう。その場合、知が手にしているのは、けっして知それ自身ではなく、知それ自身の像にすぎません。けれどもこの写しが実物どおりかどうかは、突きとめようがないのです。

こう考えてくると、日常の意識にとっては馴染みのない帰結に導かれます。媒介する、つまり繋ぎあわせる、とは、あるものから別のものへと導くことです。媒介は思考において起こります。しかし、ここで主題にしていることがらの場合、あるものから別のものへと移り行くわけではありません。知が知自身を知っているときには、つまり、知っているという作用がみずからを知っているときには、知はみずからを知っているのであって、みずからとは別のものを知っているのではないのです。ここには、概念による把握をつうじて克服されなくてはならないような差異はありません。ここにあるのは、〈一つであるというありかた〉という意味での統一だけです。概念による把握は、つまり思考は、ここでその限界に直面します。なぜなら思考は、克服されるべき差異を前提としているわけですが、そういう差異はここではまったくありえないからです。思考と対をなすのは、直観です。直観は直接的なものです。もちろん、見るという作用は医学、物理学等々によって概念的に把握できます。しかし、見るという作用についての概念的な把握によって見ることはできません。直観するという作用のこのような直接性に着目して、フィヒテはここで直観という言葉を用いています。しかも、この直観は感覚器官による直観ではないので、フィヒテは知性による直観、つまり知的直観という言いかたをするのです。

知的直観という表現ほど大きな誤解にさらされてきた哲学上の表現はほとんどありません。この表現が意味しているのは、なにか秘密めいたもの、選び抜かれた特別の人たちにしか許されていないものなのだ、というふうに思いこまれています。けれどもフィヒテの思考の道筋をたどることでわかるのは、知的直観とは、私たちの知であり、それがなにについての知であるかというと、知がその知自身についてもつ知であって、それ以上でも以下でもないということです。この自己意識が私たちにとって現存するそのありかたは、私たちが手にしている本のありかたと同じではないし、私は手に本をもっているということを私が知っている際のその思考内容のありかたとも同じではありません。この自己意識は、自己意識に伴われている表象から引きはがすことができないのです。とはいえ、知的直観と言われるものは、私たちの意識のうちにそれとして現われてくることはけっしてありません。知的直観を表象することはできないということの事態から、この直観について多くの誤解が生まれてきます。知的直観はあらゆる表象作用の条件であり、それが表象作用の条件であるというまさにその理由からして、それが条件づけているものにおいて、つまり表象作用において表象されるなどということはありえないのです。知的直観を私たちは学んだわけではありません。というのは、学ぶというのは、それ自身すでに知の働きのひとつであると言えるからです。知についての知は、意識の働きすべての非反省的前提なのです。誤解を避けるために、後になってフィヒテは、知的直観について語るとき自分はカントとはちがった意味を念頭に置いていると述べています。[4] したがってフィヒテがいう知的直観とカントのそれとを混同してはなりません。

知的直観と同じように誤解にさらされてきた類似の表現が、フィヒテにはもうひとつあります。「私〔ich〕」と述べるとき私たちが誰のことを意味しているのかについて、人から言ってもらう必要はありません。「私」によって意味されているのが誰なのかを、私たちは自分に証明してみせる必要はないし、また証明できるわけでもありません。それを私たちは直接に知っているのです。この直接性がフィヒテにとって、先ほど述べた知を、つまり知そのものについての無媒介の知を〈私〔Ich〕〉と呼ぶ理由です。フィヒテは「私」という語〔の最初のｉ〕を大文字で書いています。これは、この語を、それのふつうの用法から区別するためです。この語〔の最初のｉ〕を小文字でichと書くなら、一人ひとりの個人を意味することになります。フィヒテがIchと呼んでいるのは、知のあの直接性、つまり知の個々の遂行を可能にしている知の直接性であり、したがって端的に普遍的なにかなのです。このようなわけで、〈私〉はあらゆるコミュニケーションの基盤でもあることになります。誰もが知についての知をもっているのでなければ、誰かが別の誰かとコミュニケーションをとることなど不可能なのです。

フィヒテは活動を第一のもの、原理と考えます。ここで私たちに要求されているのは、ふつうのものの見方には反したことです。ふつうの見方から言えば、私は人間で、その私が座ってなにかを考えたり思い描いたりします。私は実体であり、その私が自分に、座っている、考えている等々の偶有性を帰属させます。フィヒテならば次のように問うでしょう。自分を実体であると主張するためには、つまり、ある偶有性を私がそれに帰属させる実体であると主張するためには、私はいったいなにをおこなわなくてはならないのか、と。この問いに対する答えは、考えることによって、つまり精神の活動を遂行することによって、となるはずです。成果に先立って活動があります。もっと適切に言うなら、活動が成果の条件なのです。実体である私が考える、というのではありません。私は活動であり、活動としての私がみずからを実体と考えるのです。そのうえで私はその実体に私の思考を帰属させます。そうするのは、私が自分を客観〔＝客体〕とみなすからです。

フィヒテが活動を第一のもの、原理と考えたとするなら、この原理、この根拠からいったいなにが帰結するでしょうか。この問いに答えるには、フィヒテが反省によって達成しようとしたことを思い起こす必要があります。フィヒテは、意識を可能にする条件に遡ろうとします。同じことをカントが試みたとフィヒテはみています。フィヒテが遡っていくのは第一の条件であって、唯一の条件ではありません。そういう第一の条件を原理と呼ぶことができるのは、それがじっさいに意識にとっての必要条件、つまりそれがないと意識が成り立ちえないような条件であり、その意味では意識を根拠づけているといえるからです。十分条件、すなわちそれさえあれば意識が成り立つというような条件であるわけではないのです。第一の原理は同一性を、つまり同じであるということを主張します。もとより差異も、つまり異なっているということも私たちの意識に属してはいるのですが、『知の理論全体の基礎』の第一章では差異はまったく話題にのぼりません。差異は同一性からは、より精確に言うなら、みずからと同一の自己意識からは帰結しないのです。

差異とくらべることでしか同一性を考えることはできない、と述べても、フィヒテに対する反論にはなりません。同一性と差異とのこのような対置は、意識というものがすでにできあがっている次元で、つまり意識がすでに構成されている次元でのみ可能です。しかしフィヒテが考えているのは、そういう意識をもつことができるための条件なのです。ところでこの条件とは、差異のどんな措定にも先立つあの同一の行ないにほかなりません。先立つ、ということのここでの意味は、時間において先行しているということではなく、構成されるものをまさに構成するための土台をなすということなのです。

知は、つまり知っているということは、活動なのです。活動は、それがおこなわれるまさにそのとき、そこにあります。したがって、知っているということを知っているとき、つまり、知っているという作用が、知っているというみずからのその作用を知っているとき、知は存在する、つまり、知っているという作用は存在する、といえます。そして知が存在するのは、知がみずからを知っているときにかぎられます。知の存在は、知以外のなにものでもないのです。つまり、知っているということがあるとは、知っているということにほかならないのです。このことをフィヒテは次のように表現しています。「私は端的にある。つまり、私があるから、私は端的にある。そして私は端的に、私がそれである当のことがらである。この二つのことが〈私〉に対してそのようにある」[5]。この表現は、フィヒテがそれにこめた意味どおりに読まないと、その意味内容をとりちがえてしまいます。〈私〉は、意識の根本的な働きを意味しています。意識のこの根本的な働きをほかのなにかから導きだすことはできません。なぜなら意識のこの根本的な働きは、みずからによって、つまりその当の働きによって、存在するからです。意識のその根本的な働きは端的に、それである当のことがら、つまり知なのです。そしてその働きは、たとえば石とはちがってただここにあるというのではなく、その働きそれ自身に対して、ほかならぬその働きとしてある、すなわち、みずからを知っていることによって、つまり働いているということを知っていることによってその働きはある。言いかえるなら、その働きは自己意識にほかならないのです。

この根本的な活動をフィヒテは〈私〉と呼んでいて、その際に彼の念頭にあるのは実体といったものではなく、次のような根本的活動、つまりそれによってはじめて実体という思考が可能となるような根本的活動なのです。この根本的活動をとらえてフィヒテは、「〈私〉は〈私〉である」[6]と短く、あるいは「〈私〉はある」とさらに短く表現しています。「〈私〉は〈私〉である」という表現はA＝Aというかたちをもっていますが、A＝Aというこの公式にその一事例として包摂されるのではありません。そのことは、「〈私〉はある」という表現によっておのずから明らかです。「〈私〉はある」ということは、つまり、意識の同一の根本的な働きは、A＝Aで表現される同一性、つまりイコールで結ばれている上下二つの思考内容の同一性を成立させる作用の条件であり、そうである以上、A＝Aの一事例とはならないのです。

フィヒテの知の理論は、超越論哲学の枠をはみ出て、存在論や形而上学に足を踏み入れている、とよく言われます。たとえば次のような文章を目にします。「フィヒテにとって（中略）事行は、そこから世界が生起する原理である。したがって事行は本来、認識論的な原理ではなく、存在論的で形而上学的な原理である」(8)。アンソニー・ケニーもその著書『西洋哲学史』で知の理論についてまったく同じようなことを書いています。「精神の直接的な生はあらゆる現象の創造者である。この現象には、現象する個人も含まれる」(9)。しかしフィヒテは、世界が事行から、つまり〈私〉から生起するなどとはまったく主張していません。それどころか、世界についての知はもっぱら〈私〉から生起するといったことさえ主張していないのです。彼が主張しているのは、世界についての知すべての根底にはひとつの根本的な働きがその条件としてあるということだけです。フィヒテが世界に対する新しい見方をもつよう私たちに促している、ということはたしかです。私たちの意識が〔世界についての知の条件として〕第一のものではあるのです。しかし、けっして唯一のものではありませんし、まして私たちの意識こそが世界を創造しているなどということではけっしてないのです。

フィヒテがおこなったことを振りかえってみましょう。ひとつの論理法則からフィヒテはその根拠を探し求め、その答えのありかとして意識に着目します。その根拠、つまり事行あるいは〈私〉とは、あれこれの対象のように直接目に見えるものではありません。フィヒテにできるのは、私たちを、彼が見いだした根拠へと差し向けることだけです。フィヒテが指し示すものへと私たちは一人ひとりみずから赴かなくてはなりません。思考とは概念による把握、つまり概念によってものごとを区別しようとする差異化の作用です。いま取り組むべき知的直観を前にして、そういう思考作用はなんの役にもたちません。「知的直観」という言いかたにしても、念頭に置かれていることがらについて、それがなんでないかを表現することしかできていません。私たちの意識の根拠は、それを私たちはいつでもすでに遂行しているのですが、概念によってはとらえることができず、そのため対象となることもないのです。意識の根拠については、それへの方向を指し示すことしかできないのが実情なのです。

さて、なにが見いだされたのでしょうか。差異のない統一(＝意識している活動と意識されている活動とが一つであるようなありかた)、すなわち自己意識です。それが見いだされたのは、知的直観においてです。〈知っているということを、反省作用抜きで知っている〉ということが、見いだされたのです。しかしそこからなにかが帰結するということではありません。まして、世界が生起するなどというのは、論外です。帰結するとは、なにかから別のなにかへと移り行くことであると言えるので、差異を必要とします。しかし、差異ということについては、第一の根本命題はまったく論じていません。第一の根本命題が述べるのは、私たちの意識の第一の条件であり、私たちの意識の唯一の条件ではありません。根拠づけられなくてはならないものは、つまり私たちが事実上もっている知は、ここではまだ完全に根拠づけられているわけではないのです。

『知の理論全体の基礎』の第二章――。内容の点で条件づけられている第二根本命題。第一の根本命題は文字通り無条件のものですが、この第二の根本命題は、内容の点で、条件づけられています。ということはつまり、形式の点では、条件づけられていません。第二の根本命題で述べられていることは、第一の根本命題の〈私〉つまり事行がまったくなにものによっても条件づけられていないという事態のもとにあります。事行では、行ないと行なわれたこととが〈一つであるというありかた〉をしています。つまり、事行からなにかが帰結として出てくるとは考えられないのです。というのは、もし、かりになにかが帰結するとしたら、〈一つであるというありかた〉が根拠として帰結との対立関係に置かれることになりますが、〈一つであるというありかた〉はそれによって破棄されてしまうことになるからです。当然ながら、第二の根本命題は、第一の根本命題で述べられているまったく無条件な事行を帳消しにしてしまうわけにはいきませんし、かといって事行と同一であるというわけにはなおさらいきません。一方で、第二の根本命題の形式は、第一の根本命題という条件、すなわち、行ないと行なわれたこととは事行においては一つであるという条件のもとにあります。ところが他方で、第二の根本命題の形式は、第一の根本命題から帰結しないなにごとかを、根本命題の形式の中身について、つまり、根本命題の形式がどのようなものであるかについて述べる必要があるのです。さて第一の根本命題が述べたのは〈一つであるというありかた〉という意味での統一ですから、第二の根本命題には、〈別であるというありかた〉つまり差異ということだけが残されています。したがって第二の根本命題は、それが形式について述べていることがらにかんしては条件づけられているわけではない〔つまり、差異は統一から帰結するわけではない〕というかぎりで、無条件の命題であり、まさに根本命題と呼ばれるのにふさわしいものなのです。みずからを第一の根本命題と区別するためにだけ、第二の根本命題は、第一の根本命題とは別のことがらを表現できているわけです。さて、意識における最初の区別は、意識の活動と意識の対象との区別です。

私たちの知のうちには、知っているという私たちの活動だけではなく、その活動の成果も、つまり私たちによって知られているもの、表象されているものもあります。知られているもの、表象されているものは、知の活動とは別物です。それは、働きではなくて、語源であるラテン語では「なされたもの」「つくられたもの」を意味するファクト、言いかえれば、対象だからです。さてどの対象も、それが成り立つためには、活動としての知という条件が必要不可欠です。したがってこの条件は、『知の理論全体の基礎』の第一章で示されたように、ほかのどの条件にも優先する最上位の条件として前提されています。同書の第一章の内容である〈私〉は、第二の根本命題の条件であり、第二の根本命題が述べているのは、〈私たちによって知られているもの〉と語ることをそもそも可能にしているのはいったいなんなのか、ということなのです。

ここで――くどいようですが――注意すべきなのは、第二の根本命題がその形式の点では条件づけられていないということです。つまり、区別の措定ということは第一根本命題の同一性から帰結するわけではなくて、ただその同一性を前提としているにすぎないのです。私たちがここで取り扱っているのは、導出ということではなく、新しい活動、第二の活動なのです。導出できないのですから、フィヒテはそれを見いだすしかありません。そこでフィヒテは、第一の根本命題のときと同じようなやりかたで議論を展開します。

フィヒテは第一章と同様に、論理学のひとつの法則表現を出発点にとります。「¬AはAではない」という表現です。ここで¬Aは、否定されたAを意味し、「ではない」は繫辞、つまり、主語と述語を結びつける語です。A＝Aとの違いは繫辞にあります。ここでの繫辞は、「¬AはAである」を否定しています。Aと¬Aという二つのものが区別されているということを、繫辞「ではない」が明らかにしているわけです。

フィヒテは第一章と同じような論法を用います。第二の論理法則も、第一の論理法則（A＝A）と同様に、意識の行ないにもとづいている必要があります。第二の論理法則の場合、「『Aは A ではない』」が、意識の行ないの形式なのです。〈私〉は事行であり、事行がもつ形式はA＝Aでした。事行であるなら、行ないと、その成果すなわち行なわれたこととは区別できません。両者は同一のことなのです。それにひきかえ、『知の理論全体の基礎』第二章で扱われる新しい行ないは、区別するということにほかなりません。したがってこの行ないは、〈私〉のうちでは同じ一つであることがらを区別しなくてはなりません。意識の活動、意識の行ないが、その行ないによって行なわれたこと、つまり、その行ないによって知られているものから区別されるのです。活動している意識については、『知の理論全体の基礎』の第一章ですでに究明され、第二命題の前提となっています。第二章では、活動それ自身ではないものが、つまり対象が、より適切には対象というありかたが、成立するにいたる、つまり構成されるのです。対象の成立を可能にするこの新しい活動を遂行するのも、やはり意識です。ただし、ここで意識がおこなうのは、同一視することではなく、区別することです。同一視の活動から、区別の活動を導きだすことはできません。とはいえ、区別するにあたってはどんな場合でも、区別されるものは、意識の統一に、つまり、〈一つであるというありかた〉を意識がしていることに、関係づけられている必要があります。意識の統一ということを念頭に置かないと、そもそも区別ということを話題にすらできないからです。この統一は、第一の根本命題で述べられている端的に無条件の前提にほかなりません。先ほどは、〈別なものではない〉というふうにその統一の特徴を述べましたが、いま明らかになっているのは、この特徴づけが、区別の否定であるということ、つまり、区別するという第二の行ないによってこそ成立しえている意識に、すなわち、第二の行ないによって構成済みの意識に依拠して述べられたものであるということです。

事行は、知的直観として解釈されました。知的直観というこの表現が言おうとしているのは、概念による把握がその限界に達しているということであり、また、ここで同一性を指してたとえば〈区別できないというありかた〉と述べるのではあるのだが、かといってそれがなんであるかを述べるのはそもそも不可能なのだ、ということなのです。第二の根本命題によって、より精確に言うなら、その命題で明示された行ないによって、概念による把握ということの根拠づけが開始されます。概念による把握が可能であるためにはいくつかの区別が必要であり、そういう区別がここで根拠づけられています。区別するためには、区別されているものどうしを関係づけるということが必要ですが、この関係づけるという作用については第三の根本命題において取り扱われます。区別することと関係づけることとが合わさってはじめて、概念による把握が可能となるのです。

フィヒテが第二の根本命題で論じていることは、私たちの誰もがわかっていることがらです。私たちは日常の意識において、見ることと見られているもの、聴くことと聴かれているもの、考えることと考えられているもの等々を区別しています。こういう区別をそもそもおこなえるということが、私たちがなにかを表象したり、それ以外のことをなにかしたりする際のすべての内容に先立っています。つまりこの区別は、なんであれとにかく内容をとらえるための条件なのです。なぜなら、あれこれの特定の内容をとらえる前に、私たちはそれを内容として、知の遂行から区別しなくてはならないからです。さらに別の言いかたをするなら、それを私たちは内容として、意識の作用の遂行から区別しなくてはならないからです。私たちがそもそもなにかを区別できているということは、〈私〉からはけっして導きだせません。たしかに〈私〉は前提されてはいます。なぜならどんな区別も、区別されている各々のものをそれぞれ各々のものとして確定している統一と、つまり、〈一つであるというありかた〉を可能にしている作用と、関係せざるをえないからです。とはいえ、区別することそれ自身は、統一からは導出できない行ないであり、その点で無条件的です。ひとはなにかを区別するとき、あるものに別のものを対置〔「反対定立」と訳されることが多い〕します。だからこそフィヒテは、反対を措定する作用、つまり対置する作用について語り、「〈私〉に端的に〈私でないもの〉が対置」[10]されると主張します。この言いかたでは〈私でないもの〉が、〈私〉と厳密な反対対当関係にあるものとして考えられています。〈私でないもの〉とは、表象されているもの、知られているもの、意欲されているもの、つまり意識の働きではないもののことです。すでに詳しく述べたように、〈私〉が私という人物を意味しているのではない以上、たとえば私の身体は〈私でないもの〉です。なぜなら私の身体は知の遂行ではなく、ひとつの知られているものだからです。

〈私〉はみずからに〈私でないもの〉を対置する、すなわち〈私〉はみずからに対して〈私でないもの〉を措定する、というフィヒテの語りかたは、まちがった解釈にたびたびさらされてきました。そのなかでとくに多いのは、あいもかわらず〈私〉をそれぞれの人物と理解したうえで、その私がこの世界を創る、という解釈です。けれども「措定する」が意味しているのは、創るということではなく、意識のうちにもつということなのです。私たちが意識のうちにもっているものと、私たち自身とを区別できない、といった状況を想像してみてください！　そこでは、あなたは自分が読んでいる本を文字通り頭のうちにもっているか、あるいは、その本を自分から創りだしたことになります。こんな馬鹿げたことをフィヒテが主張しているわけではまったくありません。フィヒテが主張しているのは、意識には、活動としてのみずからと、それによって知られているもの、あるいは意欲されているものとの区別がア・プリオリにわかっている、ということなのです。

『知の理論全体の基礎』第三章――。形式の点で条件づけられている第三の根本命題。第一の根本命題は端的に無条件なものでした。その命題では「まったくなにも証示されえなかった」[11]のです。第二の根本命題は内容の点で条件づけられていました。その命題では「対置するという行ないは導出されない」[12]のでした。それで最後の第三の根本命題は、その形式の点で〔ここでの意味は、すぐ次で述べられるように、〈第三の根本命題が解決すべき課題がなにかという点で〉ということ」だけ条件づけが可能です。フィヒテは次のように説き明かします。「第三の根本命題によって提示されている行ないが担う課題は、先行する二つの命題によって明確に与えられている。ただし、その課題の解決はそうではない。課題の解決のほうは無条件におこなわれる。そしてそれは、理性の裁定によって一刀両断におこなわれる」(13)。理性による裁定とは、恣意的におこなわれることではなく、理性がおのずからなす働き、つまり、理性それ自身からしか概念的に把握できないような自発的働きのことを意味しています。

先行する二つの根本命題はともに、意識の行ない、意識の活動をとらえて私たちに示してくれています。この第三の根本命題も同様です。第三の根本命題があらたに示してくれる意識の活動は、先行する二つの意識活動を媒介する、つまり繋ぎあわせるはずのものです。というのは、先行する二つの意識活動は、措定と反措定である点で、対立しあうからです。第三の根本命題があらたに示してくれるはずの意識の活動がかかわることがらは、すでに規定されています。すなわち、知っているということと、知られているものという二つです。さて、第三の根本命題で探求されているのは、これら二つをどう媒介するのかということ、つまりその媒介の仕方、その媒介の様式です。この様式もやはり求められなくてはならないのです。なぜならそれは、先行する二つの根本命題によって与えられるものではないからです。したがって、この様式はなにかから導きだせるものではなく、無条件なものであることが明らかとなるのです。

　私たちは、知っているということと知られているものとを、つまり、〈私〉と〈私でないもの〉とを手にしています。この二つは対置されていて、相互に排除しあっています。知っているとは活動であるので、知られているものとはちがいます。とはいえ、私たちの知っているものが意識から脱落してしまうわけではありません。まったくその逆です。知っているものを私たちはまさに知っているのですから。一方は他方なしには存在しません。知の知には、つまり知っているということを知っているということには、境界〔＝限界〕がありません。この場合、知は、みずからを知っていて、それ以外のことは知りません。いや厳密にいえば、「それ以外のこと」ということさえ知りません。『知の理論全体の基礎』の第二章以降では、知っているということが、知られているものをつうじて境界づけられています。けれどもその一方で、知は、知っているものを包みこまなくてはなりません。その包摂は、〈知が知っているものが、知られているものとして知られていなければならない〉というかたちで果たされる必要があります。

　境界づけられているものは、無限ではありません。そのため、知っているということと知られているものとは、いわば一つ二つと数えられるようになっています。Aがあるぶんだけ Aでないものもある、つまり、知っているということがあるぶんだけ知られているものもある、ということです。フィヒテの表現を用いるなら、それらは分割可能なものになっているのです。『知の理論全体の基礎』の第一章では、知っているということがすべてであり、そのことのうちに区別がなかったのですが、いまでは知っているということがみずからのうちに区別をもうけ、境界をもつにいたっています。知られているものがあるぶんだけ、知っているという活動もあるのです。私たちが知っているものは、知っているという活動ではありません。知っているということと知られているものとは、相互に向きあっています。いまのこの反省においては、知っているということと知られているものとのあいだに境界線が引かれているので、それらは量としても、つまり分割可能なものとしても考えることができるわけです。こうして、意識について第一の根本命題で主張された無限性に対して、境界がもちこまれています。別の言いかたをすると、意識は二つの局面に分解し、一方に知られているものすべてをみずからのうちに包みこむ無限な局面が、もう一方にこの無限な局面と一線を画する有限な局面、つまり一定の量であるような局面が現われるのです。ところでこれは、〈私〉と〈私でないもの〉とが分割可能であることを意味します。つまり、実在性全体のなかで一方がもつ部分を、他方はもたないのです。こうして、実在性は分割されて、分割可能なものとなります。言いかたをかえれば、ただ一つの〈私〉が、知っている主観と、知られている客観〔＝客体〕とに分かれるのです。

ただしこの考察に対しては、絶対的な〈私〉は、つまり事行は限定できないし分割できない、という事態が立ちはだかります。たしかに、いまでは〈私〉が分割可能であり、したがって一定の量として理解できるとするなら、〈私〉は有限であり、なんらかのもの〔etwas〕であり、けっして端的に無条件的であるわけではない、ということになっています。それでもフィヒテは次のように主張して譲りません。「第一の根本命題での絶対的な〈私〉は、なんらかのものではない。（それは述語をもたず、またもちえず）絶対的な〈私〉は端的に、絶対的な〈私〉がそれである当のことがらなのだ。そしてこのことがらについてそれ以上の説明はできない(14)」。そのため、これ以降は、有限な〈私〉と無限な〈私〉という二つの言葉が出てくることになります。こういう言いかたは二つの〈私〉を指し示しているわけではなくて、同じ一つの〈私〉を、二つの局面から見て、指し示しているのです。〈私〉は、どちらの言いかたでも、活動を、つまり知っているということを指し示しています。知において私たちは、知っているという働きと知られているものとを区別でき、知っているというその働きをさらに知に関係づけることもできます。あれこれのことを知っている者は自分だというかたちで、私たちは自分のことを知っているのです。ただし、こういうふうに知っていることで、私たちの知が尽くされているわけではありません。自分たちがいまのところまだ知らずにいる多くのことを、いつか知るにいたることができるだろうということを、私たちは知っています。こうして、私たちの知には右の二つの局面があるということを、私たちは知っています。つまり、知は境界づけることができないという局面、言いかえれば知は無限であるという局面と、あることは知っているがほかのことは知らないというふうに知は限界をもつという局面があるということを、私たちは知っているのです。知という行ないはつねに、いまの時点で知られているもの以上のところにまで及んでいます。たしかにその時々の知においては、境界づけられ規定された〈私〉が、同じく境界づけられ規定された〈私でないもの〉を、つまり主観が客観を知っているということになります。しかし、その主観は次のことも知っているのです。すなわち、主観の知は、境界づけられ規定されたそのつどの知以上のものであるということを。〈私〉の両局面は相互に補完しあって一つのまとまりをかたちづくっているのです。〈私〉と〈私でないもの〉とが区別されたうえで、両者は、分割可能なものとして措定され、そして同時に相互に関係づけられます。このようにしてフィヒテは、意識についてのラインホルトの命題をいっそう深い次元で根拠づけ、『エーネジデムス』による攻撃からその命題を守ったのです。

関係づけるということを手がかりにしてフィヒテは、まさに関係というものを打ちたてる行ないにまでいたりつきました。相互に関係しあえる相関項は、有限なものとしてしか考えることができません。関係づけは、一方から他方へ向けて考えることも、その逆方向で考えることもできます。このことから知の理論にとって二つの可能性が生まれます。つまり、〈私でないもの〉から〈私〉を規定するか、〈私〉が〈私でないもの〉を規定するか、ということです。第一の可能性が理論哲学を根拠づけ、第二の可能性が実践哲学を根拠づけます。

こうして今や導出の作業に取りくむことが可能となり、フィヒテはまず理論哲学に着手し、次に実践哲学に向かいます。『知の理論全体の基礎』で取り扱ったそれらのことがらをフィヒテは『人間の使命』で、もっと簡単にわかりやすく説明してくれています。この著作は、もう少し先に行ってから扱うことにします。

註

（1） GA I 2, 255; SW I 91.
（2） GA I 2, 256; SW I 93.
（3） GA I 2, 257; SW I 94.
（4） F・シュップもこうした混同に陥っています。その著書『哲学史概説』で彼はフィヒテについて、「フィヒテがきわめて乏しい能力しかもたないことは認めざるをえない」と書いています。Franz Schupp, *Geschichte der Philosophie im Überblick. Neuzeit*, Bd. 3, Hamburg 2003, S. 362.
（5） GA I 2, 260; SW I 98.
（6） GA I 2, 259; SW I 96.
（7） GA I 2, 258; SW I 95.
（8） Kühn, *Fichte*, S. 228. こうした見方をとらない立場からJ・シュトルツェンベルクが『知の理論全体の基礎』の第一章について次の論文でおこなっている周到な分析をご参照ください。Jürgen

Stolzenberg, »*Fichtes Satz ›Ich bin‹*«, in: *Fichte-Studien* 6 (1994), S. 1–34.

(9) Anthony Kenny, *Geschichte der Abendländischen Philosophie*, Bd. 3, aus dem Englischen von Manfred Weltecke, Darmstadt 2012, S. 121.

(10) GA I 2, 266; SW I 104.

(11) GA I 2, 267; SW I 105.

(12) Vgl. GA I 2, 268; SW I 105.

(13) GA I 2, 266; SW I 105 f.

(14) GA I 2, 271; SW I 109.

第四章　『知の理論の諸原理による自然法の基礎』

フィヒテはイェーナで熱狂的に歓迎されます。もっとも、疑いと、さらには妬《ねた》みのこもった眼差しで様子見をしている人たちもいないわけではありませんでしたが。赴任一年目にフィヒテは、『知の理論全体の基礎』についての講義を哲学専攻の学生たちにおこなったほかに、それ以外の者も聴講できる公開講義を一つ受けもちます。領主といった地位にいる者たちはじきにいなくなる、とフィヒテがこの公開講義で語った、という情報がほどなく広まります。そのため、フィヒテは、革命派に近い人間とみなされることになります。それが事実無根であることを証明するためにフィヒテは、はじめの五回分の講義内容を、講義用草稿に手を加えることなくそのまま、『知識人の使命についてのいくつかの講義』というタイトルで出版します。

それでもフィヒテの身辺は、不穏なままでした。フィヒテは冬のあいだもこの講義を続けようと思い、講義を日曜日に設定しました。平日は、講義に適した時間帯がなかったからです。そして講義は日曜日の午前十時に開始することに決めました。その時間にしたのは、十一時から始まる大学のミサとかち合わないためです。フィヒテが考慮し忘れたのは、十時から教会のミサがあるということでした。こういう次第で、キリスト教のミサを理性崇拝のミサによって置き換えることを意図したのだという非難がフィヒテに浴びせられることになりました。これは、フィヒテが革命主義者として非難されたことを意味します。なぜなら、当時、ジャコバン主義のフランスでは、じっさいに理性崇拝のミサが執りおこなわれていたからです。結局、講義は午後に移されることになりました。

フィヒテに対するこうした非難は、イェーナへの赴任前に公刊された『フランス革命についての公衆の判断を正すための論考』を根拠のひとつにしていました。この文書は匿名で出版されたのですが、著者が誰であるかは知られていました。出版社は第二版を出そうとしましたが、イェーナではフィヒテの身を案じる知人たちが彼にそれを思いとどまらせようとします。しかし当人はその忠告を受けつけず、その結果、イェーナ公国での自分の立場を弱めてしまいます。

フィヒテは多くの学生たちの信頼を勝ち得ました。その学生たちの一部は、学生団体のメンバーとして徒党を組んでいました。当時の学生団体は、法を破ることも辞さない集団でした。フィヒテはいくつかの学生団体を解散させます。その腹いせに、フィヒテの住居の窓に数回にわたって石が投げつけられます。そのためフィヒテは、一学期のあいだ、近隣のオスマンシュテットに引きこもらざるをえませんでした。その後は彼の身辺もひとまず平穏をとり戻すことになります。
イェーナでフィヒテは、当時の卓越した人物たちと交際しています。ゲーテ、ノヴァーリス、ヘルダーリン、ヴィルヘルム・フォン・フンボルト、シェリング、シラー、シュレーゲル兄弟たちはすべて、少なくともある期間、フィヒテと同じ街に住み、人によってその程度に違いはあっても多かれ少なかれフィヒテと近しい関係にありました。

『知の理論全体の基礎』につづくフィヒテの大部の著作は、『知の理論の諸原理による自然法の基礎』です。二巻に分けて一七九六年と一七九七年に出版されました。著作全体の土台をなすという点でいっそう重要なのは、第一巻のほうです。その内容を見てみましょう。

第一巻が出たのは一七九六年の三月ですが、その前からフィヒテは、自分の知の理論がいくつかの誤解にさらされていることにすでに気づいていました。そのためこの本で彼は、自分の哲学を正しく理解してもらえるような工夫をほどこしています。

最も難しいのは、これまでの説明でもすでに触れたように、〈開始点で思考されるべきなのは、なにかをおこなう実体ではなくて、活動である〉ということです。『知の理論の諸原理による自然法の基礎』の冒頭でフィヒテは、〈私〉という語がなにを示しているのかを説明しています。それは、理性にほかなりません。〈私〉[1]が理性であるのは、理性においては「行なうものと行なわれるものとが一つである」からです。フィヒテ自身の言葉によれば――「〈私〉それ自身は、行為以外のなにものでもなく、しかも行為がその行為自身へ向かうような行為なのである」。これにフィヒテはさらに注記して、「行なうもの、という言いかたさえ私はしたくない。基体のようなものを思い浮かべさせないためである」[2]と述べています。すでに『知の理論全体の基礎』でフィヒテはこの行為を、〈意識が意識それ自身を意識している際のその意識〉として導入していました。この点にかんする彼の考えは変わっていないのです。

『知の理論の諸原理による自然法の基礎』は、フィヒテがすでに二年前に論じていた理論を前提しています。その理論によれば〈私〉は、〈私〉みずからを、みずからをつうじて措定するのであり、それゆえに自由であるのです。同時に〈私〉は、みずからとは異なるあれこれの客観〔＝客体〕を措定するのであり、そしてこの措定に際しては自分が自由でなく拘束されていることを知っています。つまり、この活動が、絵空事を思い描いているのではなく、現実の対象にかかわる活動であるなら、理性をもつものは、自分がその活動に際して「拘束されている」[3]ことを知っているのです。なにか特定のものは、別のなにかがそれに対置されていることによって、ほかならぬその特定のものとして規定されているわけです。だとすると、拘束されている活動に対置される活動は、自由な活動であると言ってよいでしょう。そういう自由な活動が現実の客観にかかわる場合には、その活動は客観を、現にあるものとして知っているわけではなく、将来あることになるものとして構想するのであり、このことは別の言いかたをするなら、客観を自分の目的として設定するということにほかなりません。そのような活動の根拠は、理性をもつもののうちにしかありません。だからこそそれは、自由な活動なのです。目的の設定は、世界というものを前提しています。つまり、そこにおいて目的を立てることのできる場としての世界を前提しています。そのため、目的設定は、世界に関係せざるをえません。とはいえ、みずから目的を設定するという点において、目的設定は自由なのです。目的がたんなる願望以上のものであるとするならば、物質からなる世界でなにかをおこなえる能力を、目的ということとあわせて考えなくてはなりません。したがって、真の目的設定が可能なのは、目的を設定する主観〔＝主体〕が、自分はなにかを実現できるのだと思う場合、つまり原因として作用することで自分は自分が望んでいる結果を引き起こせるのだと思う場合にかぎられます。そうした行為をつうじてしか知は可能とならないのだ、とフィヒテは、『知の理論全体の基礎』第三部で論じた理論を繰り返します。目的設定は自由なのですから、客観についての知は自由によらなければ不可能なのです。

ところでフィヒテは、ある循環を提示します。あれこれの客観を知っているということは、自由によってのみ、より精確に言うなら、目的設定によってのみ可能です。他方、目的設定は、客観についてのみ可能です。いったいどのようにして——と、これは循環の外へと私たちを導く問いです——開始点を見いだすことができるのでしょうか。目的設定は自由です。つまり、目的設定は自己規定、すなわち自分が自分のありかたを定めることです。主体が自分を自由だと理解できるためには、そして、主体が自由であることができるためには、目的設定が自己規定として主体に与えられていなければなりません。ところで自己は、自己規定を自分で遂行しなければなりません。感覚的知覚が与えられるのと同じように自己規定が与えられるなどということはありえません。なぜなら、感覚的知覚は、自由に選びとれるものではないから、つまり、拘束されているからです。この問題を解くフィヒテの考えかたは、自己規定が与えられるのが可能なのはその概念だけが与えられる場合なのだ、というものです。けれども理論的な概念として自己規定が与えられるのは不可能です。なぜなら、自己規定とはひとつの実践だからです。したがって、自己規定は実践的な概念としてだけ与えられることができます。ところでこのことは、次のことを意味します。すなわち、自己規定という概念が与えられるのは、自己規定の遂行が主体の自由のうちに、つまり自己規定という概念が与えられる主体の自由のうちに据えられるというふうにしてなのだ、ということです。その際、この主体が〔自分以外のものによって〕規定されるということはありえません。主体には、自分が自分のありかたを定めること、自分がなにをするかを自分で定めること、つまり自己規定が求められているからです。決定的な点は、なにか特定の行ないが求められているということではなくて、どのような行ないであってもそれを遂行するときには自己規定へと促されているということなのです。求められている概念は、したがって、促しという概念です。促しということで考えられているのは、「主体は自己規定するようにと規定されている」[4]ということです。どのように行動すべきかはあらかじめ規定されていますが、それはまだ遂行されてはいません。その遂行は、促されている者の自由にゆだねられているのです。促されている者の自由に遂行がゆだねられていることによって、促されている者に自己規定という概念が与えられます。与えられているものはすべてそうですが、促しということも外から与えられています。したがって、促しは、たとえば身振りや発言のように、感覚によって知覚できるものでなければなりません。こうして私たちは、自分が理性をもつものであることを概念的に把握できるだけではなく、自分が身体をそなえて存在しているものであることをも概念的に把握せざるをえないことになるわけです。

行動するようにと人に求めるというのは、なにかすでにあるものへと促すことではありません。そんなことは馬鹿げています。求めるというのは、「将来（の時点）においてあるべきなにか」[5]へと促すことにほかなりません。〈べき〉は自己規定を指し示しています。自己規定は、自分が自分のありかたやすること定めることですから、遂行されることもあれば遂行されないこともあります。促しが促しとして理解されなければ、促しは無駄に終わることになります。その場合、促されている者はまったく自己規定をおこないません。他方、促しが促しとして理解されるなら、ある関係が生まれます。しかもそれは、両方向での関係です。促している主体が自己規定へと誰かを促せるのは、なにへと促しているのかをその主体が理解している場合、つまりその主体が自分自身を規定している場合にかぎられます。ところで促している側の主体は、促されている側も自由であることを理解しています。そうでなければ、そもそも相手をなにかに促すなどということがまったく成り立たないことになってしまいます。同じように、促されている側も、自分が促されていることを概念的に把握することによって、自分自身と促す者とが自由であることを理解します。したがってここでは、相互的な関係が生まれているわけで、しかもそれは自由な関係なのです。フィヒテは、「自由な相互影響関係」[6]という言いかたをしています。

どの促しにおいても、ある特定の行ないへと促されるというだけではなく、なによりもまず、この相互関係にある者たちの自由が承認されています。促しは、「促しをまさに促しとして私たちが認識するということをまず目指さなければ、なんの意味ももたない」[7]のです。理性をもつものとして承認することが、人間を人間として認識することの核心をなします。「承認〔Anerkennung〕」という〔ドイツ語の〕単語のうちには認識〔Erkenntnis〕ということがふくまれています。私たちが互いを認識しあうのは、私たちが互いを承認しあうことによってです。この承認という言葉をフィヒテはここで道徳的な意味ではなく、理論的な意味で使っています。ある人間を邪険に、かつ不当に扱うといったことも、その人間を、理性をもつ自由なものとして認識しているからこそ起こりうるのです。

法〔＝権利〕を理解するうえでフィヒテにとって決定的に重要な視点は、法は認識であって道徳的義務といったようなものではないということです。理性をもつ自由なものとして他の人間や自分自身を承認しなければ、私たちは人間について理論的な認識をもてないのです。

ここでフィヒテは、ある問いを取りあげます。私の知るかぎり、彼以前にはどんな哲学者も立てたことのない問いです。私たちを取り巻いている客観〔＝客体〕すべてのなかから、どのようにして私たちは、主体だと私たちがみなす客観を認識するのか、というのがその問いです。この問いを解決するのが、承認という概念なのです。承認という概念は、自由な相互作用という概念にほかなりません。私たちが見知っているもののうちで理性をもつのは人間たちだけですから、人間という概念はけっして個別的なものについての概念ではなく、「ひとつの類についての概念」(8) です。個人というものを考えることができるのは、あくまで人間という類の内部においてなのです。

この概念をフィヒテは、法についての自分の哲学の土台としています。個人どうしが区別されるのは、これまで論じてきたことによれば、承認によってです。別な言いかたをすれば、促しにおけるそれぞれの役割によってです。促しは、行ないの根拠を、促されている側の個人の外部に、要するに促している側に置きます。そのため、促されている側が自己規定を要求されているという点では、行ないの根拠は、促している側にあるわけです。

こうして、促しということのうちに、個人相互の区別と両者の関係とが同時にあることになるのです。

もっと精確なフィヒテの説明は次のとおりです。促すとは、なにか特定のことを促すことであり、行ないが可能となる活動領域――フィヒテが領分と呼ぶもの――を、あらかじめ与えることにほかなりません。ある活動領域を他者にあらかじめ与えるとは、別のある活動領域を自分自身に残しておくということでもあり、つまりは、双方の活動領域がそこで区別されるひとつの共通の活動領域を措定するということです。こうして双方の領域が境界づけられます。あなたはこの領域、私はあの領域、ということになるわけです。促しが理解されているかどうかは、促されている側の反応によってわかります。自己規定が成り立つためには、どうしても相互影響関係が必要なのです。ところで、すでに論じたように、このことは、一方の側の振る舞いがもう一方の側の振る舞いを条件づけるということです。この条件づけは、「知性と自由とをつうじての相互作用」(9)としてしか考えることができません。この相互作用は、こちら側によるあちら側の承認であるとともに、逆にあちら側によるこちら側の承認でもあって、つまりは相互承認ということです。相互承認という この概念に「法についての私たちの理論全体」(10)が依拠している、とフィヒテは言っています。

承認が行ないの領域をつくり出すわけです。しかも、規定された特定の領域を。それとともに承認は、さまざまな行ないという姿をとって目に見えるものとなります。つまり、行ないにおいてしか承認は経験できないのです。すでに示したように、承認は、相互的なものとしてしか考えることができません。したがって承認は、互いに関係しあうさまざまな行ないにおいてのみ遂行されるのです。そのような関係のうちにある諸個人は、無条件にお互いを承認しあうように、しかも理性と自由にふさわしい行ないにおいてそうするように、「理論的な一貫性によって」[11]強いられるのです。

自己規定は理性と自由にふさわしいものであるべきですが、かならずそうなるとはかぎりません。理性と自由にふさわしい行ないをしない個人は、他者に対する承認を拒んで、他者を、理性を欠いた感覚的なだけの客観〔＝客体〕のように取り扱います。承認するという振る舞いは、理性的な振る舞いであり、したがって恣意的ではない振る舞いであり、普遍的に妥当する振る舞い、つまり規則によって導かれた振る舞いなのです。行ないに対するあれこれの規則は法則ですが、この場合、定められた法律以前の理性それ自身の法則です。この規則に違反する者は、理性をもつ自由なものとしての他者を認識していながら、その自分の認識に従わないという点で、一貫性に欠ける行ないをしていることになります。彼は他者を自然界の客観のように取り扱って人間扱いしないわけですが、その結果、逆に他者の振る舞いにとっては自分も自然界の客観のようになってしまうのです。理性の法則に反するそのような行為を目にする者は、それが自分のものであれ他者のものであれ、自分の意識のなかでその違反行為を判定します。そういう判断の作用から、法廷の設置ということが理解できるのです。

次のことが明らかになっています――「私はあらゆる場合において、私以外にも、自由な者をまさに自由な者として承認しなければならない。すなわち、私は自由な者の自由の可能性という概念によって、自分の自由を制限しなければならない」[12]。この関係をフィヒテは法による関係と名づけ、またここに引用した文章を法の命題と呼んでいます。

それに続く箇所である「系」においてフィヒテは、法についての自分の概念が「道徳法則とはなんの関係もない」[13]ことを強調しています。彼によれば、道徳法則は義務を無条件に命じるものであり、法は、人がその法を行使することを許容するものなのです。また、〈法は強制できるものでなければならず、よい意志とは無関係である〉とも述べています。こういう主張は、承認は行ないという姿をとって目に見えるものとならなければならない、という主張から理解できます。行ないは強制できますが、良心はそうではありません。

法の命題によってフィヒテは、知の理論という土台のうえで法の基礎を解明し、人間の生におけるひとつの独自の次元として法を道徳から区別しました。さらにフィヒテは、どのようにして私たちが自分を人間として認識するのか、つまり自然界に存在するものでありながら理性をもつものでもあると自分のことを認識するのはどのようにしてなのか、を示しました。これが、フィヒテの偉大な業績、私の考えによれば彼の最も偉大な業績なのです。

註

(1) GA I 3, 313; SW III 1.
(2) GA I 3, 313; SW III 1 f.
(3) GA I 3, 330; SW III 18.
(4) GA I 3, 342; SW III 33.
(5) GA I 3, 343; SW III 33.
(6) GA I 3, 344; SW III 34.
(7) GA I 3, 347; SW III 38.
(8) GA I 3, 347; SW III 39.
(9) GA I 3, 351; SW III 44.
(10) GA I 3, 351; SW III 44.
(11) GA I 3, 354; SW III 47.
(12) GA I 3, 358; SW III 52.
(13) GA I 3, 359; SW III 54.

第五章　一連の『序論』

一七九〇年代の終わりにフィヒテは大学で「新しい方法による知の理論」という講義を三度おこなっています。これは、聴講生が書きしるしたノートというかたちでしか残っていません。これと並行してフィヒテは『ドイツ知識人協会哲学雑誌』に三つの論文を発表します。第一と第三の論文には、雑誌では「知の理論の新しい叙述の試み」という表題がつけられていました。第一論文には「前置き」が含まれていて、この後に「序論」と題された論考が置かれています。この第一論文は通常、引用の際には『第一序論』と呼ばれています。なぜなら、これに続く第二論文には「なんらかの哲学的体系をすでにもっている読者のための、知の理論への第二序論」[1]という題名が添えられているからです。第三論文は途中で終わっています。私たちはこれらの序論を、右で言及した『哲学雑誌』に掲載された姿で辿ってみることにしましょう。

全体として言えば、これらの論文でおこなわれているのは知の理論の改訂です。その作業はベートーヴェンの三つの《レオノーレ》序曲にたとえることができます。ベートーヴエンが同一のモチーフに立ち帰るのと同じようなやりかたで、フィヒテはすでに論じてある自分の哲学的アプローチに手を加えました。その作業によってこのアプローチは新しい強調点を得ることになります。その結果、以前よりも明確になったのは、知の理論が実践理性に基盤をもつということです。『第二序論』は、なんらかの哲学的体系をすでにもっている人びとに向けられているわけですから、第一の序論は、それをまだもっていない人びとを、つまり、なんらかの哲学体系をすでにもっている人びととはちがって先入観にはとらわれていない人びとを読者として想定しています。

『第一序論』――。この論文の冒頭には、ある標語が掲げられています。それは、カントが『純粋理性批判』の第二版に添えたフランシス・ベーコンの言葉と同じものです。ただし、多少簡略化されています。ペーター・バウマンスがじゅうぶんな根拠をあげて推測しているように、この標語をフィヒテはカントの著作から借用しました[2]。哲学に興味をもっている人であればカントのこの標語がわかっていて、同じ標語をフィヒテが掲げていることに気づいただろうと思われます。したがってフィヒテは、自分がカント哲学を拠り所にしていることを公言しているわけです。カント哲学はフィヒテにとって真理です。とはいえ、その哲学を人びとがしっかりと概念的に把握しているかというと、けっしてそうではありません。「前置き」で書かれているように、フィヒテはカントがおこなった「あの偉大な発見をカントにはまったく頼らずに叙述してみせることに自分の人生を[3]」捧げようとしているのです。フィヒテが高く評価する発見とは、「客観が認識能力によって措定され規定されるのであって、認識能力が客観によって措定され規定されるのではない(4)」というものです。自分の哲学をフィヒテは、カントの体系をより深いところから根拠づける営みであると思っています。ただし、これをフィヒテが明言しているわけではありません。彼がはっきりと言っているのは、知の理論は彼独自の叙述によってそれ自身の足で、つまりカント哲学には頼ることなく成り立つということです。哲学という名称が表現しているものを自分はすでに乗り越えたというフィヒテの自負を支えているのは、カントに対する自分の関係についての彼の認識なのです。

これにつづく論考には「序論」という表題が添えられています。その冒頭には独特な要求が掲げられています――「自己自身に注意を払いなさい。あなたの眼差しを（中略）あなたの内面に向けなさい(5)」。この要求は、知の理論が当初から目指していることに適っています。知の理論は、知っているということについての理論であって、知っているあれこれの対象についての理論ではありません。序論の冒頭で掲げられているこの要求は、フィヒテが『知の理論全体の基礎』では強調していないある要素を主題化しています。それは、哲学を始めようとする者の思考活動です。哲学をこころざす者に対してフィヒテは、みずからの思考活動そのものに眼差しを向けるようにと、つまり思考活動それ自身を熟考の対象とするようにと、求めているのです。知識や学問の対象は自由に摑みとられたものだ、ということはすでに『講義予告』（＝『知の理論の概念、つまり哲学といわれるものの概念について』）が教えています。序論では、自由に摑みとるというまさにこの働きから知の理論の叙述が始まるのです。

フィヒテは、はじめて哲学をおこなう者たちを念頭に置いているので、論理法則ではなく私たちの表象作用から説明を始めています。このやりかたは、彼以前にラインホルトが、意識において私たちはさまざまな表象をもっているという否定しようのない事実から始めたのと似ています。表象のうちのいくつかは〈こうでしかありえない〉という必然性の感情と結びついていて、別のいくつかは自由の感情と結びついています。後者の表象は、その表象に自由の感情が結びついているのが正当な場合には、表象を必然的なものとする根拠をもたないことになります。前者の表象は、私たちが変えることのできない原事実を表象しています。つまり、その事実を私たちは必然的に表象せざるをえないのです。私たちにはたとえば、自分が手にしている本、白い紙に黒い字が印刷してある本が見えます。いま見ているのとはちがった色やかたちで知覚するなどというのは、私たちには不可能です。知覚は必然的にそのように示すのであって、ちがった色やかたちを示したりはしません。必然性の感情に伴われるこのような表象の総体を、私たちは経験と呼んでいます。

哲学は経験一般の根拠を、つまり、経験が経験であるかぎりどの経験にとってもその根拠であるものをたしかめようとします。根拠と帰結とは別物です。もし経験というものが、ある根拠の帰結だとすれば、この根拠は経験とはちがうものです。私たちは絶えず経験のうちで生きています。そのような私たちが、経験とは異なるはずの根拠に到達するには、どうしたらよいのでしょうか。経験は、必然性を伴うさまざまな表象の総体として理解されています。さて、経験のうちにある要素は捨象できます。つまり、経験の構成要素を私たちは度外視することができるのです。そのうちの二つの要素が区別される必要があり、それは対象と表象する者、つまり客観と主観です。

紙は白いのだからその紙の表象も白いのだ、と私たちはあたり前のように言います。さてこういう主張は、事物とその表象とを区別しています。とはいえ私たちは、表象抜きで事物をもつことなどできません。したがって、事物という言葉を口にするときには私たちは表象を捨象しているわけですが、ふだんその捨象は自覚的におこなわれているわけではありません。哲学における捨象は、一定の方法にもとづかなければおこなうことができませんし、そうした哲学的な捨象をじっさいにおこなうかどうかは、自由にゆだねられています。捨象できるのは、事物と、表象する〈私〉です。事物を捨象するなら観念論が、表象する〈私〉を捨象するなら独断論が、それぞれ成立します。フィヒテの考察はいまや、捨象し抽象するというその作用そのものに向かいます。捨象し抽象する作用は、自由の感情を伴います。私は、捨象し抽象することへとみずからを規定するのです。この捨象・抽象を反省すると、捨象・抽象は、いま述べた自己規定とともに反省の客観となります。このような反省によって私は、私が私を自分で捨象・抽象へと規定したのだということを概念的に把握します。その自己規定に際して、私は「私を」前提としているのです。

このようなやりかたでフィヒテは、〈私〉が経験と捨象・抽象との前提であることを明らかにしています。経験というものは、〈私〉に対してのみあります。しかしこの〈私〉がみずからを知っているのは、捨象・抽象においてのみ、つまりこの〈私〉がみずからをそれへと自由に規定した捨象・抽象においてのみなのです。この捨象・抽象の客観は、すなわち〈私〉は、この自由な捨象・抽象においてのみ、つまり必然的であるほかない経験の外部においてのみあり、つまりは経験を超越しています。観念論の客観は、つまり〈私〉は、意識において、すなわち捨象し抽象する作用において現われてくるのであり、独断論の客観は表象作用においてのみ現われてくるのです。

観念論と独断論は、フィヒテの見解によれば、どちらも他方を論駁できません。観念論は、右で述べた自由な行ないについての意識、つまり、捨象し抽象する作用についての意識こそが真なるものであると主張します。この意識を独断論は認めざるをえませんが、それを独断論は、あくまで自然によって引き起こされたものとして、したがって自由でない意識として説明します。脳という器官が現にそうであるようなありかたをしているのは必然的なことであって、したがって私たちは、現に私たちがそう表象するようにしか表象できないのだ、と独断論は言います。これとは逆に観念論は、独断論者のいう事物それ自体とは現実的なものではなく、経験の説明根拠として考えだされたものにすぎないのだ、と論じることができます。それゆえ、理論的な論拠をあげてどちらかの見解の正しさを証明することはできません。したがって、決定するのは関心なのです。

私たち自身への関心、私たちの自由への関心は、観念論が正しいと言います。「どういう哲学を選ぶかは、選ぶ者がどういう人間であるかに左右される。なぜなら哲学の体系は、生命のない家具のようなものではないからだ。家具ならば好みに応じて取りのけたり運び入れたりできる。そういうものとちがって、哲学の体系は、それをもつ人間の魂によって生命を吹き込まれているのである(6)」。この文章はよく引用されますが、たいてい文脈が無視されています。たとえばマンフレート・キューンは、フィヒテの評伝で、右の引用のちょっと後にあるフィヒテの文章をそのまま引いています――「哲学者になるには（中略）そう生まれついていなければならない(7)」。ここから次の帰結が当然にも導きだせるとキューンは考えています――「人はすでに哲学者であり、ひきつづいて哲学者として教育されるか、あるいは、哲学者ではまったくなく、それゆえけっして哲学者になれないか、そのいずれかである(8)」。人は哲学者に教育されなければならないというフィヒテの言葉に言及している点はよいのですが、しかしこれに続く箇所が、すなわち「そして自分で自分を哲学者に教育しなければならない(9)」という文言が欠けてしまっているのです。文章のこの部分は、最も重要な条件を、つまり思考における自由な自己活動を明言しています。この条件が考慮されないと、フィヒテの主張は、意味のない戯言《たわごと》と早とちりされてしまうことになるのです。

この文脈に、引用箇所のちょっと前でフィヒテがおこなっている区別、すなわち「人間というものの二つの段階」という区別も属しています。より高次の段階にまで「皆が達するわけではない現状では、この二つの段階に人間の主要な二つのグループが」対応することになります。独断論者と呼ぶ一方のグループについてフィヒテは、彼らは「自分が自由であるという感情がじゅうぶんな高みにまでまだ達していず、そのため、自分たちには絶対的な自己活動がそなわっているという感情もじゅうぶんな高みにまでまだ達していない」[10]と書いています。自由についてのこの感情は、そもそもそこへと高められることができるためには、素質として生まれつきそなわっていなくてはなりません。自由の感情をもたない人間といったものは考えることができないのです。真の哲学者は、つまり観念論者は、高みに達した人間であり、そのように高まることをフィヒテは人間というものに、したがっておそらくどの人間にも求めているのです。したがって、哲学者になるということは、どうしても、自力で達成しなくてはなりません。なぜなら、キューンも適切に引用しているように、「人間がもっている技術を用いて誰かを哲学者にすることなどできない」[11]からです。なにか技術を用いて、あるいは生得の才能によって誰かが哲学者にされる、などということはありえません。私たちは、自己活動によって哲学者になるのです。ただしこの自己活動は、あることを前提しています。すなわち、自由であるという感情です。哲学をはじめる者は、まだ終点に、つまり根拠づけられた知に到達してはいません。開始点は無知なのです。無知を脱却するには、それを自分で脱却できるのだという予感が、つまり、自由についての反省的な知といったものではなくて、自分は自由であるという感情が必要です。したがって哲学もまた選び取られるものなのです。この選びは、私たちが自分の予感に従うかどうかによります。それに従うなら観念論という哲学を奉じる者になり、従わなければ独断論という哲学を奉じる者になるのです。

ただし独断論者は困難をかかえています。説明に行き詰まる点があるのです。彼らには、因果の連鎖というものしか存在しません。彼らに言わせると、意識も、この因果連鎖のなかにあり、経験の一部をなしています。しかし、この経験ということこそ、説明されなくてはならないはずのものです。つまり、独断論者は経験を、その同じ経験によって説明していることになります。それとちがって観念論者は、自己規定という原事実を、つまり人はみずからのありかたや行動をみずから決定するという事実を指摘してみせることができます。この事実はあくまで行ないであり、行なうもの、活動するものではけっしてありません。それは、法則〔そのなかでとくに重要なのは道徳法則〕にもとづく行ないなのです。『第二序論』——。ここで話を戻しましょう。「あなた自身に注意を向けなさい」という要求に従うなら、私たちは自分自身を、対象として、〈私〉と呼ばれるものとして表象することになります。その場合に私たちが向きあうのは、像、できあがったもの、自己完結しているものです。けれども〈私〉は、みずからに注意を向けるように、つまりなにかをするように求められているのであり、そうであれば、〈私〉が私たちにとって、自己完結しているものとして現存するはずはないのです。客観（＝客体）としてとらえようとするようなやりかたでは活動それ自身に届きません。したがって活動は、それを人に語り知らせることもできません。この場所からあの場所へ行くにはどうしなくてはならないか、といったことについての知とはちがうのです。私たちはそれをみずからの活動のただなかで知っていなくてはならないのです。フィヒテが、注意を向けるようにと、しかも私たちの精神的活動に注意を向けるようにと要求するのは、そのためです。その対象をフィヒテが与えてくれるなどということはありえません。なぜならここで主題となっているのは対象ではなく、行ない、活動だからです。この活動が自分のうちに現存することを望む人は誰でも、自分で自分のうちにそれを生みださなくてはなりません。それを他の人に代わってやってあげることのできる人などいないのです。客観化すなわち客体化の作用であるかのように反省作用をとらえてしまっては、うまくいかないのです。

先に引用した促しによって私たちは、日常の意識を越えでるように呼びかけられています。日常の意識は、周囲のさまざまな客観に、つまり人間や事物に、また私たち一人ひとりの客観としてのあれこれの規定に、向かっています。自分たちのこういう意識に注意を払うことで私たちに明らかとなるのは、こうした事態の全体を私たちは知っているということです。世界にかんする自分の知についてのこの知は、大部分気づかれることなしに、世界にかんする知に伴なっています。世界にかんして自分がもっている知についての知が意識化されるのは、私たちがなにかを実際に知っているかどうか人から尋ねられるというような場合です。知に伴なっているこのような知に対してフィヒテは注意を促しているのです。

ただし以前の著作の場合よりもいっそう明確にフィヒテが指摘しているのは、「あなた自身に注意を向けなさい」という自分の促しが思考の運動を呼び覚ますということであり、フィヒテはこの思考運動がどのように遂行されるのかを反省します。知についての知は、すでに述べたように、なにかにかんする知に、つまり客観にかんする知にいつでも伴なっています。したがって知についての知を、私が手にしているこの本にかんする知と同じような仕方でとらえることはできません。知についての知は、それとは別のものに伴なっているのですから、この知それ自身をとりたててそれとして顕在化させたいと思うなら、この知が伴なっているその別のものは捨象されなくてはなりません。

したがってこの捨象は、知についての知を抽出するものです。知についての知は、知において成立している客観にかんする知ではなく、知の活動についての知です。この知は客観にかんする知ではありえません。なぜなら客観は知に対してあるのですから、この知の活動そのものは客観とならないのです。にもかかわらず今の場合、知の活動そのものが、知られていると言われている当のものなのです。したがってここでは、主観と客観との差異ということが無効となります。この知はみずからをじかに知っているのです。いまこの本のこの行を読んでいるあなたは、なんの媒介もなしに、自分がいまこの行を読んでいることを知っており、そのことをあらためて確かめてみる必要などありません。この直接的な知をフィヒテは「知的直観」と呼んでいます。「知的直観は直接的な意識である。つまり、私がなにかをしているということについての、ならびに私がなにをしているのかということについての直接的な意識である。知的直観によって私がなにかを知っているのは、私がそのなにかをしているからである」[12]。この知的直観は意識という一つの全体の一契機をなしています。知的直観は、意識においては一つであることがらが哲学的な捨象・抽象作用において区別されることで、意識されることになるのです。

哲学的な捨象・抽象というこの働きに、ここでフィヒテは反省の的を絞ります。知的直観を意識から抽出するのは、この哲学的な捨象・抽象作用だからです。したがって知的直観は、一方で、私たちのあらゆる知において遂行されている根本的な働きであるとともに、他方では、この根本的な働きについての哲学的な思考内容、つまりフィヒテが以前に〈私〉あるいは事行と呼んでいた根本的な働きについて哲学的に思考している際のその思考内容でもあるわけです。フィヒテがこの箇所で再度明らかにしているのは、この働きが意識の可能性の第一の条件ではあっても、意識の根拠であるわけではない、ということです。「〈私〉は、いま述べた働きによって、たんに自己意識の可能性にかかわることに、そしてこの自己意識とともに他のあらゆる意識の可能性にかかわることになるにすぎない。可能性にかかわることにはなるが、そのことによって現実の意識がすでに成立しているわけではないのだ。右で示した働きは、知性の次のような行ない全体の一部分、すなわち、それによって知性が意識を成立させるような行ない全体の一部分にすぎず、しかもそれは、哲学者だけが切り取れる部分であって、はじめから切り取られてあるようなものではない[13]」。

同時期に出版された『道徳論』でフィヒテが同じように明確に述べているのは、この〈私〉は私たちがふつうに意識できる事実ではなく、むしろあれこれの事実をともかく意識できるための条件のひとつだということです。あれこれの事実の条件それ自身が、その条件によって条件づけられている事実であることは不可能です。ですからフィヒテは、首尾一貫した論理に従って次のように言えるわけです――「主観と客観との〈私〉における絶対的な同一性については、それを推論できるだけであって、現実の意識にとっての事実としてそれをじかに証示するようなことはできない[14]」。〈私〉あるいは事行、または知的直観――これらの言葉はすべて同じことを指しています――は、私たちの知の客観にはけっしてなりません。したがってそれは、推論することしかできないものなのです。意識のどの働きについても、それは私たちに意識されていると私たちは言うことができる――このことはたしかにそのとおりなのですが、意識のその働きは、その働きにおいて意識されていることがらによって、つまり意識の働きの内容によって、規定されています。内容によって規定されているということを捨象することで、はじめて、哲学での知的直観に到達します。けれども、そうだとすると自由な哲学的捨象・抽象によって私たちは日常の自然な意識を離れることになります。こうした捨象・抽象作用の成果として残るのは、この意識にそなわる形式、つまり意識の自己知であり、そしてこの形式が知的直観についての哲学的な概念にほかならないのです。

したがってフィヒテは、知的直観という言葉にかんして二つの用い方を区別します。一方で、私たちは自分たちの意識についてじかに、つまり直接的に知っています。直接的な知は直観であり、ここでは知についての知として知的な直観です。意識のどの働きにも不可欠なこの知的直観は「直観と呼べるもののなかで唯一、根源的かつ現実的に、哲学的捨象・抽象の自由とは無関係に、どの人間のうちにもある。〔他方で、〕超越論的な立場をとる哲学者は、そういう哲学者としての自分が述べることを人に理解してもらいたいと思うとき、その相手に対して、みずからのうちで知的直観をはたらかせるようにと要求する。そこで要求される知的直観は、いま述べた現実的な知的直観の形式であるにすぎない。この形式は、内的な絶対的自発性についての直観であるにすぎず、この絶対的な自発性が

〔内容によって〕規定されたものであることを捨象することによって可能となっている直観なのである[15]」。知的直観についての哲学的概念は、ここでフィヒテが詳しく述べているように、つねになにかある内容をとらえている私たちの意識の、その純粋な形式だけを浮き彫りにしています。フィヒテがさらに説明しているところによれば、知的直観についての哲学的概念は、現実的な知的直観がないとしたら「可能ではないだろう。というのは、もともと思考は抽象的なものではなく、特定の内容をもつものだからである[16]」。ところで、この形式は知であり、活動であり、能動であるのです。みずからを知としてとらえる知は、そうとらえる際に知として実際にはたらいていなくてはなりません。この遂行によってはじめて知はみずからをとらえ、そうとらえる際にみずからを実体として表象するのです。

フィヒテは『第二序論』で、この働きが意識の可能性の第一の条件ではあるが、意識の根拠であるわけではないということを、もう一度はっきりさせています。「〈私〉は、いま述べた働きによって、たんに自己意識の可能性にかかわることに、そしてこの自己意識とともに他のあらゆる意識の可能性にかかわることになるにすぎない。可能性にかかわることにはなるが、そのことによって現実の意識がすでに成立しているわけではないのだ。右で示した働きは、知性の次のような行ない全体の一部分、すなわち、それによって知性が意識を成立させるような行ない全体の一部分にすぎず、しかもそれは、哲学者だけが切り取れる部分であって、はじめから切り取られてあるようなものではない[17]」。

さて哲学者がこの〈私〉をみずからの意識にもたらすとき、その哲学者は、自分自身が遂行する自分の根本的な働きを、つまり意識が意識であるかぎりどの意識にもそなわるその根本的な働きを、自由な働きにおいて自分に現存させます。この根本的な働きは、哲学者がいつもすでに遂行しているものなのです。哲学者は「自分がしていることを知っている、なぜならそれをしているのは自分なのだから」[18]。この行ないはじっさいに遂行されている場合にかぎって現存し、そしてその場合にかぎってじかに直観可能なのです。ただし、そういうものとしてその行ないは概念的に把握され、それ以外のあらゆる行ない、あるいは行為から区別されています。この行為を、行為する主観〔＝主体〕と行為が向かう客観〔＝客体〕とに区別することはできません。なぜなら、この行為の場合、両者は同一のものだからです。このことが、いま論じている行為の際立った特徴なのです。

この行為がそれ以外のあらゆる行為から区別されるのは、それ以外の行為とは目的を実現するものであるからです。目的の実現を図れるのは同一性をそなえた意識であり、この意識が目的の設定と目的の実現とを結びつけます。ほかならぬこの意識が現実的な知的直観にほかなりません。この知的直観は、否定しようのない原事実なのです。

否定しようのない原事実として知的直観を前提せざるをえないということから、フィヒテは知的直観の可能性を説明します。この前提に意識全体が依存しているわけです。ある原事実を前提として考えるだけでは、もしこの前提条件が体系の堅固さを保証すべきものである場合には、不十分です。体系の堅固さを保証できるのは、その原事実が、ほかのものからではなくてそれ自体として理解可能な場合にかぎられます。したがって、この原事実を無条件的なものとして証示するような根拠づけを考える必要があります。その場合、その根拠づけは、必然的であるという性格をもつことになります。つまり、疑問視されえないだけの必然性をその根拠づけはそなえることになります。したがってこの根拠づけの歩みは、ある無条件的なもの、つまり絶対的なものへと到らなくてはなりません。その場合にのみ、「いつわりやごまかしがあるのではないかという疑い[19]」を払拭できるのです。

そのための課題は、「知的直観（中略）をその可能性にかんして説明し、（中略）知的直観が実在性をもつという信念を（中略）なにかもっと上位にあるものによって支え、この信念が根ざしている関心そのものが理性のうちにあることを確認すること[20]」にあります。「信念」という言葉は奇妙に聞こえるかもしれません。Glaubeということの言葉には、「思う」とか「信頼する」とか、さまざまな意味があるからです。知の根拠づけが目指されているこの場面では、「思う」も「信頼する」もこの言葉の意味ではありえません。ヤコービも[21]Glaubeという言葉で直接的な知を指していました。このことをフィヒテは知っています。フィヒテが右の文脈でGlaubeという言葉を用いるときに念頭に置いているのは、この意味です。なぜなら無条件的なもの、つまり条件づけられていないものとは、じかに知られているものでしかありえないからです。無条件的なものが媒介されなければならないとするなら、その無条件的なものに対してなにかある根拠が前提として考えられなくてはならないということになってしまいます。つまり、無条件的なものが無条件的なものではなくなってしまうのです。

こうしてフィヒテは、知的直観が根ざしている理性の関心を明らかにしようとします。ところでその関心はただ一つであって、理性が自律性をもつことへの関心、つまり自由であることへの関心です。だからこそ理性は、理性がみずからに与える道徳法則において、命じる者として姿を現わすのです。命じる者は、意欲します。したがって理性は意欲し、なにを意欲するのかというと理性みずからを意欲します。こうして理性は、その核心においては実践理性なのです。理性は、すでに明示した構造をもっています。それはこれまでは、〈理性はみずからを知っている〉ということでしたが、いま明らかになっているのは、〈理性はみずからを意欲する〉ということです。個々人にとって理性の意志は命令として姿を現わします。命令はまさに命令として理解されなくてはならず、その命令は実行できることもあれば、あるいは実行できないこともあります。実践理性による命令は個人に、「その個人のうちにのみ根拠をもち、それ以外のものにはけっして根拠をもたない絶対的な行為」[22]を求めるのです。したがって個人にとっては、道徳法則についての意識において、「自己活動と自由とについての直観が根拠づけられている」[23]ことになります。自律的な理性の命令をとおして個人は自分を〈私〉としてとらえるのであり、そうとらえるのは、行為するようにと個人が求められているからです。「道徳法則というこの媒体をつうじてのみ私は私を観取する」[24]のであり、観て取られるその私は、行為することも行為しないことも自由であるような私なのです。フィヒテが〈観取する〉と言っているのは的確なことです。なぜなら私は私を知的に直観するのですから。

いまやフィヒテは、『知の理論全体の基礎』のときよりもいっそう考察を深めて、〈私〉を自律的な理性として証示します。そこからフィヒテは、自分の哲学は「実践的な必然性をそなえた作品」[25]であると主張します。このことは、実践哲学にだけあてはまるのではなく、彼の哲学全体について言えることです。鍵になる概念は、行為という概念です。この概念の意味内容には、精神による目的設定ということと、原因として作用してなにか結果を引き起こすことができるという可能性、つまり感覚にもとづく可能性とが、ともに属しています。経験可能な世界が主観〔=主体〕にとって客観〔=客体〕となるのは、行為においてなのです。

知的直観について語ることができるのは、それをじっさいに遂行する者だけです。知的直観について語ることのできる者は、それを他のあらゆる知から区別することも心得ています。ところで、区別するとは、概念が担うことがらです。したがって哲学者は、ただ直観するだけではなく、「この行為を思考して」[26]もいることになります。なぜなら、知っていると言えるのは「概念的に把握されること」[27]だけだからです。両者は、つまり直観することと思考することとは、内容および形式として、分かちがたく結びついています。思考されるのはいつでも、ある内容であり、しかも、ある特定の内容です。ただし、この内容は直観されるのです。知的直観とか〈私〉とかについての語りは、ある直観についての概念なのです。

知的直観は道徳法則によって成立します。〈私〉は自分を、無条件的な要求を突きつけられているものとして知っています。この要求は、人生のそのつどの状況において特定の具体的な姿をとります。要求ということそのものを考えるならば、それが要求しているのは、理性にふさわしく行為すること、つまり道徳的に行為することであり、またそういう行為をとおして世界を理性にふさわしく形成するということです。フィヒテはこういう要求の内容を理念と呼んでいます。理念が表示するのは、存在してはいないがそれでも存在すべきであるような実在性であり、この実在性とはつまり実現された道徳性のことなのです。この実現された道徳性にふさわしく形成されているような世界がカントの最高善にほかならない、と言ってよいでしょう。

『知の理論の新しい叙述の試み』――。この論文は、三つの節からなる一つの章だけが出版されました。この章の表題は、「あらゆる意識は、私たち自身についての直接的な意識によって条件づけられている」[28]としるされています。強調されているのは、あらゆる意識が、ある直接的な意識によって条件づけられているということです。ここでフィヒテは、

『第一序論』のときと同じように、読者に呼びかけているのであり、みずから思考するようにと読者を促しているのです。

第一節――。フィヒテが促しているのは、〈私〉を思考することです。この促しを受け入れる者が知っているのは、この促しに従うことで自分の意識が、この思考される〈私〉によって規定されている、ということです。同時に明らかになるのは、そうしようと思えばなにか他のことも私たちは思考することができたのだということ、つまり私たちは自由のうちで考えたのだということです。思考が自由な活動であるかぎり、私たちはそれを自由な行為と理解してもよいわけです。ところで〈私〉が思考される場合、ある独特なことがらが思考されています。なぜなら〈私〉についての思考以外のあらゆる思考においては、思考と思考されているものとは別個のものですが、いまの場合はそうではないからです。〈私〉についての思考においては、思考と思考されているものとは同一なのです。思考も行為なのですから、〈私〉についての思考においてはその思考は、みずからに向かう行為であり、つまり、行為としてのその思考それ自身に向かう行為であり、それによってみずからについての概念を生みだすのです。

この箇所でフィヒテは自分の方法を以下のように説き明かしています。まず、あることを思考するようにとフィヒテは促します。それを読者はみずから思考しなければなりません。フィヒテの理論を理解したいと思うならそうしなければならないのであり、いまの場合、そのあることとは、〈私〉です。ところで〈私〉はその〈私〉自身についての意識にほかならず、フィヒテの言葉で言えば「みずからを措定すること」であり、この措定を〈私〉は意識しています。「〈私〉に対して」[29]という言いかたをフィヒテがするのは、そのためです。つまり、〈みずからを措定すること〉が意識されているだけではなく、〈みずからを措定すること〉についての意識も意識されているのです。

第二節――。ここでフィヒテはさらに一歩を進めます。〈私〉がみずからを思考する場合、主観〔＝主体〕として〈私〉はみずからを客観〔＝客体〕として思考します。さて〈私〉はこうしたやりかたをさらに続けて、みずからを客観として思考しているその思考作用として、みずからを思考することができ、さらにこれを無限に繰り返すことができます。〈私〉がいまちょうどしていることに〈私〉は何度でも注意を向けることができます。ここには終点というものが、あるいは、開始点というものがないということになります。先行する注意作用にあらたに注意作用を向けるというこの反復が生まれる理由は、このやりかたにおいては主観と客観とが区別されているという点にあります。ところで、このやりかたがとられてしまう場合に見過ごされているのは、〈みずからを措定すること〉においては、つまり知についての知においては、私たちが主観と呼ぶ知は、私たちが客観と呼ぶ知と同じ知である、ということです。けれども両者が同じであるとするなら、主観と客観との違いは消失します。〈私〉は、みずからのうちに違う二つのものがあるというふうにみずからを意識しているのではなく、〈直接的に同一である〉としてみずからを意識しているのです。こうして、無限の繰り返しという事態も消え去ります。直接的な知は直観と呼ばれています。この場合はもちろん感覚による直観つまり感覚的な直観ではなく、知性による直観つまり知的な直観です。フィヒテはこれを、「措定作用としてみずからを措定すること」と説明し、これに付け加えて「たんに措定するといったことではけっしてない」と書いています。フィヒテが力をこめて強調しているのは、「ここで論述されるべき体系全体」の「基礎」[30]をなすのはこの論点であるということです。知的直観においては主観と客観とが同一なので、〈私〉は「主観＝客観」[31]として理解されなくてはなりません。「他のあらゆる意識はこの〈私〉に結びつけられる」のです。

第三節――。フィヒテはこの節で、あとで彼が詳しく論じようと思っていることを書き留めています。それはすなわち、客観を表象しているとき私たちは活動のただなかにあり、能動的であるということです。精神の運動は、絶対的に対立しあうものを、たとえばさまざまな色やさまざまな場所などを、突き抜けていきます。ところで活動とは、静止状態から身を引き離すことであり、意識をあらたに規定することにほかなりません。思考をはたらかせることとの出発点は、〈自分自身を思考せよ！〉という促しでした。いまフィヒテはさらに、この思考が行為であるということも考えるよう求めます。そう求めることでフィヒテは、〈私〉についての、静止状態にある特定の概念から身を引き離すことを求めているのです。活動と静止は密接に関係しあっています。一方はいつでもすでに他方への移行なのです。思考における静止状態は、確定済みのもの、概念的に把握されているものに適しています。こうしてみると、自分自身を思考しなさいという第一の促しは〈私〉を概念として与えたのであり、第二の促しは活動への促しだったわけです。そのかぎりで〈私〉には、規定されているというありかたが、つまり概念が結びついていたのです。この概念が述べているのは、いま要求されていること、つまり〈私〉についての直観ということ〔=〈私〉を直観せよということ〕です。そうであるなら直観もまた活動として遂行されうるのです。概念においては直観が活動としてではなく、静止状態として把握されていたわけです。

一連の『序論』において、とくに最後の論文中のいまここで説明した第一節と第二節においてフィヒテは、あらたな一歩を踏みだしています。『知の理論全体の基礎』でフィヒテは〈私〉を、〈みずからを措定すること〉として理解していましたが、ここではそれに付け加えて、〈私〉はこの〈みずからを措定すること〉を、〈みずからを措定すること〉として直観すると書いています。これを解釈するならば、〈知が知それ自身を活動のただなかで知っている〉ということを、知についてのその知は知っている〉と言うことができます。ここでフィヒテは反省によって、知の活動の遂行を周到に浮き彫りにしているのです。

註

(1) GA I 4, 209; SW I 451.

(2) J. G. Fichte, *Versuch einer neuen Darstellung der Wissenschaftslehre*, hrsg. v. Peter Baumanns, Hamburg 1975, S. 114.

(3) GA I 4, 183; SW I 419.

(4) GA I 4, 184 f.; SW I 421.

(5) GA I 4, 186; SW I 422.

(6) GA I 4, 195; SW I 434.

(7) GA I 4, 195; SW I 435.

(8) Kühn, *Fichte*, S. 354.

(9) GA I 4, 195; SW I 435.

(10) GA I 4, 194; SW I 433.

(11) GA I 4, 195; SW I 435. Kühn, *Fichte*, S. 354.

(12) GA I 4, 217; SW I 463.

(13) GA I 4, 214; SW I 459.

(14) GA I 5, 21; SW IV 1.

(15) GA I 5, 60; SW IV 47.

(16) GA I 5, 60; SW IV 47 f.

(17) GA I 4, 214; SW I 459.

(18) GA I 4, 215; SW I 461.
(19) GA I 4, 219; SW I 466.
(20) GA I 4, 219; SW I 466.
(21) 証明にかんするヤコービの理解にフィヒテが言及している箇所を参考までにあげておきます――GA I 4, 260; SW I 508.
(22) GA I 4, 219; SW I 466.
(23) GA I 4, 219; SW I 466.
(24) GA I 4, 219; SW I 466.
(25) GA I 4, 219; SW I 467.
(26) GA I 4, 245; SW I 491.
(27) GA I 4, 245; SW I 491.
(28) GA I 4, 271; SW I 521.
(29) GA I 4, 273; SW I 524.
(30) GA I 4, 276; SW I 528.
(31) GA I 4, 277; SW I 529.

第六章　『知の理論の諸原理による道徳論の体系』

この著作は一七九八年に出版され、『第二序論』と密接に関係しています。『知の理論の諸原理による道徳論の体系』(以下では『道徳論』と略記)も、フィヒテの知の理論のうちのひとつです。したがって『道徳論』は、知の理論が意識一般を事実として前提しているように、道徳意識という特定の種類の意識を事実として前提したうえで、この事実を説明します。この説明の出発点は、ここでもやはり〈私〉についてのフィヒテの理論、つまり、その根本的な諸活動が認識することに、そしてなによりも意欲することにある〈私〉についての理論なのです。この意欲のほうを道徳論は取り扱います。フィヒテは意欲の特徴を——すでに法(=権利)の哲学でおこなったのと同様に——目的の設定に見ています。自分が活動のただなかにあることを主体は、目的を設定することをつうじて知っているというわけです。目的を設定するとは、自分が認識している物質的世界、つまり物体や身体など目に見えるものからなる世界でなにかを変えようとしているということを意味します。それゆえ、目的の設定と、感覚的世界、つまり感覚器官によってとらえられる世界でなにかをおこなうこととは、結びついています。したがって目的の設定は、一方でこの世界に関係づけられているとともに、他方で、目的を設定するというまさにその点においては自由なのです。目的とは、概念であって、実在性つまり〈じっさいにすでにあるもの〉に先立っています。こうして、「概念が概念であることによる概念の絶対的な非依存性と自立性」(1)ということが明らかになります。

目的の設定ということ自体を考察するなら、目的の設定がこの考察の客観〔＝客体〕となり、それは意欲として姿を現わします。意欲は感覚的世界で実現されるので、なにかを意欲することは、意志と結びついている身体をとおしてのみ可能です。

出発点は〈私〉ですから、道徳論の第一番目の課題は、「みずからを、もっぱらみずからとして、つまり、私たち自身とはちがうものすべてから切り離して、考えること」(2)となります。強調しておきますが、求められているのは、〈私〉を思考することであって、〈私〉を直観することではありません。思考は、『知の理論全体の基礎』の第二根本命題で論じられているように、差異を措定する〔＝違いを意識する〕ということを前提としています。したがって、次のようなことになります。すなわち、みずからと同一である〈私〉は、他のものから導出されえず、ただ見いだされうるだけであるのだが、そういう〈私〉も、思考に対しては、〔いま述べたように思考は差異を前提するので〕主観的〔＝主体的〕なものと客観的〔＝客体的〕なものという差異をはらんだ姿でしか現象することができない、ということになるのです。この客観的なものは、認識をおこなうものとはまったく異なっていて、ここに現にある存在です。〈私〉は活動であって、その活動の主観的〔＝主体に属する〕側面が認識作用です。だとすれば、客観的〔＝客体にかかわる〕側面として残っているのは、意欲するという作用だけです。こうして思考にとって〈私〉は、意欲するという作用として姿を現わします。しかし活動は、〔実体―偶有性という〕カテゴリーに即すると、実体の偶有性として考えられます。そうなると、意欲するという作用には、それに付け加えて、意欲する〈私〉という〔実体的な〕ものもあわせて考えられることになります。〈私〉はみずからを、意欲するものとして考えるわけです。ただし、この思考は、〈私〉と意欲との右のような差異をただちに否定し、みずからと同一である〈私〉の活動として意欲を措定します。それゆえこの活動は活動それ自身に向かっています。この活動こそは正真正銘の自己規定であり、自己規定とは、意欲の別名なのです。ところで意欲は、感覚的世界での変化を目指します。ただしこの感覚的世界を捨象するなら、意欲は、みずからがみずからを根拠づける活動、それゆえ非依存的な活動として姿を現わします。別な言いかたをするなら、絶対性として、つまり、絶対的なありかたをしているなにかとして姿を現わすのです。とはいえこの活動は――すでに述べたように――実体の偶有性として考えられることになります。こうして実体は、端的に無条件ななにかとして考えられていますが、実体の偶有性と実体とが区別される場合には、実体のほうは現実的な活動としてではなく、可能的な活動として、フィヒテの言葉を用いるなら、傾向として考えられることになります。フィヒテが、客観として考えられる場合の〈私〉の本質的な特徴を「自己活動のための自己活動への傾向」[3]と言っているのはそのためです。

〈私〉すなわち理性は、みずからと同一なので、みずからがなんであるかを知っているはずです。傾向は〈私〉に意識されているということになります。傾向は根源的なものですから、根源的な傾向として〈私〉に意識されているはずなのです。傾向は〈私〉自身と同じものとして〈私〉に意識されているのです。この意識は、つまり、みずからを傾向から区別しつつ、同時にみずからを傾向と同一視するような意識は、そういう意識の本性からして概念に依拠しており、それゆえ傾向は「概念の支配」[4]に服します。ところで、そのことをつうじて「はじめて傾向は本来の自由にいたる」[5]のです。自然界の対象に固有の傾向は、その事物の存在にもとづいていて、その存在は自然法則によって規定されています。たとえば、圧縮された鉄のばねの傾向は、鉄のばねとはそもそもどういうものであるかということに、つまり鉄のばねというものにそなわる性質にもとづいています。この例のような傾向は、ことのなりゆきを必然的に決めてしまうので、自由ではありません。存在や自然必然性に左右されないような傾向だけが、自由なのです。存在と意識のほかに、それとは別のなにかを考えることはできないので、自由であるのは、概念の支配下にあるような傾向です。自由であり絶対的なありかたをしていると意識することによって「〈私〉はみずからを――みずからから――切り離し、みずからを自立的なものとして立てる」(6)のです。ところで、概念的な差異によって区別がもちこまれている〈私〉は、自分を直観する〈私〉であると同時に、直観される〈私〉でもあります。ひるがえって、同一の直観であるという点からみれば、この二つの〈私〉は一つでもあるのです。「知性は（中略）知性である以上、概念の力となる。そしてこの力は、ほかに依存せずに自分だけで（中略）じっさいに存在する絶対的な力なのである」(7)。ところで、力が力であるのは、それがなにかをおこなうときだけです。しかしここでは、じっさいにおこなうときのことが話題になっているのではありません。力は、ここでは能力として、あるいはまさに傾向として考えられているからです。この「絶対的な活動への傾向がみずからにほかならないと直観する」ことによって、「〈私〉はみずからを、自由なものとして、つまり概念だけによって原因となりうる能力として措定する」(8)のです。

さて絶対的な活動への傾向とは、ひとつの能力です。絶対的な活動とは、その活動それ自身によって規定されている活動なので、知性の活動といえます。知性は、なにものかによって規定されているとは考えられないもの、知性それ自身の本質によってさえ規定されることがないものだからです。知性的なものだけが、能力から現実の活動へと自由に移行できるのです。

傾向は活動へと人を駆り立てますが、だからといって傾向が活動を生みだせるわけではありません。フィヒテが傾向を衝迫〔衝動と訳されることが多い〕と呼ぶのは、そのためです。この衝迫は、〈私〉の衝迫であり、したがって意識されているはずのものです。いま主観〔＝主体〕と客観〔＝客体〕という関係で考えるなら、衝迫が意識を規定しているはずです。ところで「知性の規定は思考内容である」(9)。衝迫は、思考内容という姿をとって現われてきます。この思考内容は衝迫が姿を現わしたものであり、衝迫のほうはなにものによっても、つまり存在によってもほかの思考内容によっても規定されていません。この思考内容は「第一番目の思考、直接的な思考である」(10)のです。哲学者は、これが衝迫の思考内容であることを洞察するでしょうが、日常の意識にはこの思考内容は直接的なものとして現象します。つまり、日常の意識にとっては、その思考内容が思考されるのは、「とにかくそのように思考されるのだから、ということであって、それ以外の理由はない」(11)のです。当の思考内容を考えるのに、特別なことはなにも必要ありません。たとえば別の思考内容をつうじてそれを生みだす必要もなければ、別の思考内容からそれを導出する必要もないのです。したがって、その思考内容は直観されるのであり、その直観は知性によるものです。さらに、なにを、そして誰が直観するのか、ということまで問うなら、〈私〉がなんであるかが、明らかとなります。しかも、〈私〉がみずからによってなんであるかが、明らかとなります。〈私〉が〈私〉であるそのありかたには、なんの媒介も必要なく、〈私〉はただそうあるのです。ところで、そういう端的なありかた、端的な存在は、法則〔ここでは道徳法則のこと〕として考えられます。直観する者は、この法則に即して自分を、無根拠つまり自由であるとみなします。この法則を意識している者は、それを意識していることで同時に、自分が自由であることを意識しており、逆に、自由を意識している者は、同時に法則を意識しているのです。フィヒテは、ここで考えられているのは同じ一つのことにすぎないと強調しています。それはすなわち、自分を自由だと考える者は、自分はこの法則のもとにあると考え、逆に、自分はこの法則のもとにあると考える者は、自分を自由だと考える、ということです。ここでは、二つの異なったことが考えられているのではなく、同じ一つのことが考えられているのです。先ほど詳しく論じたことに照らして言うなら、この思考内容は、右で述べた衝迫の、その思考内容です。その思考内容は、本来そうあるべきなにかを実現するよう私たちに迫ります。「自覚的に諸概念によって、しかも絶対的な自己活動という概念にしたがって私たちは自分を規定すべきである、と私たちは考えざるをえない」[12]のです。

ここでフィヒテが言いあらわそうとしているのは、定言命法です。法則が普遍的であることを表現するにあたってフィヒテは、理性の法則にしたがうことによる自己規定を要求しています。「理性の法則にしたがうことによる自己規定」というフィヒテのまさにこの表現において、定言命法という思考内容は、私たちの自然本性や感情を一撃のもとに消し去っているようにみえます。しかし、フィヒテの思考内容を逆からみるなら、彼の思っていることが、もっとよくわかります。自分ではないものによって規定されてはならない、というのがフィヒテの言いたいことなのです。私たちの自然本性は、あるがままにあり、その自然本性にそなわるあれこれの法則によって私たちを規定します。しかし私たちは、そういう自然本性に対して自分なりの態度をとることができます。しかも、そうできるのは、私たちが自由であり、自由と相関する法則を意識しているからです。

フィヒテが悪という概念を語りはじめると、カントの理論との相違点がはっきりと確認でき、またそのことをつうじて、ある問題も浮き彫りになります。人間が時間の経過とともに徐々に自分になっていくということ、そして、理性をそなえていると同時に経験的で感覚的でもあるものとして、人間は各自それぞれの歴史をもっているということが、フィヒテにはわかっています。反省によって人間は自分を自然本性から切り離します。自然本性の衝迫は幸福を、つまりさまざまな自然的衝迫の満足を目指します。自己利益の追求が人間のおこなうことを支配し、人間は満足をもたらすさまざまな可能性のなかからそのひとつを選びます。この選択は、もう自然本性によるものではありません。選択は反省によってのみ可能だからです。ここで、人間の本質である理性がその最初の姿を現わします。

自然あるいは自然本性は、そのさまざまな法則によって規定されています。そういう法則を突き破るような活動は、自然には不可能です。その点で自然は、あるがままでありつづけています。そのためフィヒテは、自然をその本質にかんして、惰性と理解しています。

人間は、自然物としては、あるがままにありつづけようとします。つまり、惰性的です。こうした姿勢からは、怯懦《きょうだ》と不誠実が帰結します。満足をもたらすさまざまな可能性のなかからなにかを選択するという次元を反省が乗り越える場合には、自然というものにみずからは依存していないことを反省は概念的に把握します。しかも反省は、自然からのその独立性を、我意のための我意として把握します。つまり、意識のこの段階では、我意が絶対的に措定されるのです。道徳の法則に対する洞察へと反省が高まることではじめて、反省は真の自由についての意識に到達します。その場合にはじめて反省は、道徳の法則が、理性をもつものとしての自分に固有の自由であることを見抜くのです。

理性がみずからをこの洞察にまで高めない場合には、理性はみずからについてじゅうぶんな理解に達していないことになります。こうしてみると悪とは、洞察の欠如にほかなりません。道徳の法則を概念的に把握する者は、フィヒテの考察によれば、道徳の法則を現に摑みとりもします。あるいは、道徳の法則を概念的に把握する者は道徳の法則によって摑みとられる、と言ったほうがよいかもしれません。それでフィヒテは次のように書いています――「誰かが、行動する時点で自分の義務をはっきりと意識していながら、自分の義務をおこなわないと決心し、その決心をしっかりと意識しているなどということは、つまり、道徳の法則に対して反抗して、それへの服従を拒んだうえで、自分の義務であることは、まさにそれが自分の義務であるという理由でおこなわないということを格率にする、つまり自分の行動指針にするなどといったことは、端的に不可能であり、矛盾したことである。そのような格率は、悪魔的なものと言わざるをえない。しかし悪魔という概念は、矛盾を孕んでいるので、成立しえない[13]」。

かっとなって道徳の法則に逆らうということはあるかもしれないが、明晰な意識を保ちながら自覚的にそうするなどということは不可能だ、というのです。ここにカントとの違いがあり、また問題もあります。悪であるとは、カントにとって、自分が知っている道徳の法則にあえて積極的に反するやりかたで主体が自分を規定するということであり、それゆえ積極的な反対意志であり、したがって積極的な反対行動でもあります。悪は、カントにとって、道徳の法則においてみずからを表明する理性的な普遍的意志を我意が凌駕するということです。こう考えることでカントは、善の欠如という旧来の理論を、すなわち、悪は善の欠如にすぎないという理論を拒否しているわけです。しかしフィヒテにとっては、悪であるとは欠如、すなわち道徳の法則の妥当性に対する洞察の欠如なのです。

人間は、この法則に従うことのうちに自分の自由を見るので、この法則への洞察によって心を摑みとられる。これが、フィヒテの考えの土台をなしています。カントならばどうでしょう。自分の心を摑みとるその洞察をじっさいに生かすかどうかはその主体の自由にゆだねられていなければならないというふうに、少なくとも考えてみる必要があるのではないか、とカントならば問うでしょう。主体は自由であると考えるのなら、そういうふうに少なくとも考えてみる必要があるのではないか、と。自由という概念にとってのこうした一連の帰結は、些細なことではなく、よく吟味してみる必要のあることがらなのです。

註

（1）GA I 5, 28; SW IV 10.
（2）GA I 5, 37; SW IV 18.
（3）GA I 5, 45; SW IV 29.
（4）GA I 5, 48; SW IV 32.
（5）GA I 5, 48; SW IV 32.
（6）GA I 5, 48; SW IV 32.
（7）GA I 5, 48; SW IV 32 f.
（8）GA I 5, 51; SW IV 37.
（9）GA I 5, 58; SW IV 41.
（10）GA I 5, 59; SW IV 46.
（11）GA I 5, 60; SW IV 47.
（12）GA I 5, 61; SW IV 49.
（13）GA I 5, 176; SW IV 191.

第七章　無神論論争

フィヒテはイェーナ時代に同僚のニートハンマーとともに『ドイツ知識人協会哲学雑誌』を編集発行していました。この雑誌に、もう一人の同僚であるフォアベルクが「宗教という概念の展開」という論文を投稿しました。編集者であるフィヒテとニートハンマーは、当該論文をそのまま掲載することには同意せず、注釈を付け加えさせてほしいとフォアベルクに申し入れます。しかしフォアベルクはそれを拒否しました。そのためフィヒテはみずから「神による世界統治を私たちが信じることの根拠について」という短い論文を書き、この論文はフォアベルクの論文といっしょに『ドイツ知識人協会哲学雑誌』に掲載されました。雑誌のこの巻の出版後ほどなく、一七九八年の秋に、ドレスデンの上級宗教局はフォアベルクの論文を無神論的であると判断し、ザクセン選定侯に二つのことを求めます。一つは、雑誌の当該号を押収するということであり、もう一つは、イェーナ大学に資金援助している複数の領邦国家に対して苦情を申し入れ、「ザクセン国の領民にはイェーナ大学への入学を禁止することになる」と警告を発するということです。その求めを受けて出されたザクセン国の政府文書は、フィヒテの論文についても無神論であると認定しています。

フィヒテは十二月の初め頃に雑誌の押収について聞き知り、ただちに「公衆への訴え」という文書を作成しました。教授には検閲を受けずに出版する権利があるはずだ、とフィヒテは主張します。それにとどまらずフィヒテは攻守をかえて、自分に反対する者たちこそ無神論者であるときわめて激しい論難を加えます。もしフィヒテが純粋に法的観点にだけ立っていたとしたら、彼の主張には批判の余地がなかったことでしょう。フィヒテは、無神論であるかどうかという争点そのものに踏みこんだために、よりによって自国のヴァイマール侯国政府の心証を害してしまいました。政府としては、編集者たちに態度表明を求めざるをえません。それを受けて態度表明はおこなわれ、「無神論という告発に対する、著者たちによる法廷用弁明書」として出版されました。ニートハンマーは法的な部分を、フィヒテは問題となっていることがらそのものにかかわる部分を担当しています。その際にフィヒテは、「公衆への訴え」のときと同様に論争的な態度をとり、無神論という告発の背景には〈過度の民主主義〉という自分に対する嫌疑が控えているのだと述べてしまいます。これは、失策と言えます。このような非難を感じ取っていた点においてフィヒテが正しかったにしても、そのような非難が彼に対しておおやけに向けられたことは、それまでまったくなかったからです。いまその非難に対して身を守ろうとすることでフィヒテは、罪のない者にこうした非難が向けられるはずはないという疑いを、まったく不必要にも自分に招いてしまったのです。

フィヒテにとってまだ不利な状況とは言えないにもかかわらず、彼は同僚のパウルスのすすめで、ゲーテのもとで働いている最高位の官僚であるフォイクトに私信を書き送ります。フィヒテは辞職をほのめかすことで圧力をかけようとし――おそらく不安を感じていたためでしょう――あえて高飛車な態度をとっています。フォイクトはこの私信を公文書として決済します。信頼は裏切られたわけです。この手紙が正式文書となることで、フィヒテの罷免が可能となりました。一七九九年の春にフィヒテは解職通知を受け取り、その三カ月後に給与の支払いが停止されました。

私としてはこれ以上読者の興味を伝記的側面に向けることはせずに、神をめぐる問題群についてのフィヒテの叙述を取りあげることにします。そのために、「(一八〇〇年一月の) 私的書簡から」という表題をもつ論文も参照することにします。目下のテーマを説き明かしているこの論文を、フィヒテは一八〇〇年の初頭に『哲学雑誌』に発表しています。

断罪された論文「神による世界統治を私たちが信じることの根拠について」でフィヒテは、「自分の思考過程の概要しか(1)提示できていませんでした。その論文でフィヒテがまずはっきりと述べているのは、哲学に可能なのは「原事実を説明することだけであって、みずからなんらかの原事実を生みだすようなことではけっしてない(2)」ということです。ですからフィヒテが「私的書簡から」において「宗教についてのは、私の哲学はそれに対してなにも変更を加えない(3)」と書くのは首尾一貫しています。フィヒテの哲学が目指すのは、私たちの思考の「必然的な体系(4)」のうちで宗教が占める位置を明示することなのです。

したがってフィヒテは神による世界統治への信仰を前提しているのであり、この信仰の根拠をとらえてそれを私たちに示そうとしているのです。神によるこの世界統治をフィヒテはただちに道徳的な世界統治と同一視しており、そのため神の存在についての宇宙論的な証明を彼は認めません。「感覚でとらえられる世界を出発点にとるかぎり、道徳的な世界秩序への上昇を可能にするような道筋は存在しない(5)」。したがって神への信仰は、実践理性を基盤としなければ根拠づけることができません。つまり感覚界という概念からではなく、感覚を超える世界という概念から神への信仰は根拠づけられなければならないのです。ここで決定的に重要な概念は自由です。フィヒテによれば人間は、自分が「感覚界のあらゆる影響から自由である(6)」と思っています。この主張によってフィヒテはカントを継承することになります。カントによれば、自然に根ざす動因や、あるいは社会や文化において形成される動因のほかに、純粋に理性に根拠をもつ動因、つまり人としての義務というものをも個々人は自分のうちに意識しており、この義務の意識をつうじて人間は自由な決定の前に立たされることになります。こうした事態のうちに個々人の自由は根拠づけられている、とカントは考えているわけです。この自由を疑うことは不可能です。なぜなら、疑うということは、疑う者が自分の表象に対して、またそれとともに自分自身に対して自由に距離をとるという働きにほかならないからです。疑う者は、すでに自由なのです。

人としての義務は無条件的なものですから、義務を義務とは別のものから理解したり導出したりすることはできません。つまり、義務はじかに意識されているのです。そのような直接的な知をフィヒテは信念と呼んでいます。この言葉でフィヒテは、彼が高く評価するフリードリヒ・ハインリヒ・ヤコービのある概念を念頭に置いています。のちにフィヒテは、『人間の使命』の第三部の表題としてこの言葉をふたたび取りあげることになります。それはさておき話を戻すと、いまこの語が指し示しているのは、「端的にそれ自身によってのみ[7]」根拠づけられているような直接的な意識です。それとは別なふうに直接的な意識というものを考えることはできません。したがってフィヒテはここで、「あらゆる確実性の本来の成立基盤は信念である[8]」と書きしるすのです。この表現はのちの『人間の使命』でもほぼそのまま踏襲されています。

議論をさらに進めるなかでフィヒテはふたたびカントの理論に同調して、「私はそうできる。なぜなら私はそうすべきなのだから[9]」と書いています。フィヒテが強調するのは、〈べき〉が〈できる〉を可能にするのであってその逆ではないということ、したがって、道徳的な目的をいだく場合に私たちはそのための行動を可能なものとして措定する、つまり可能なものとして想定するということです。理性の目的、つまり義務は、私たちの自由な行為によって現実化されるべきなのです。ここからさらにフィヒテは話を進めて、理性のこのような目的が「私たちの自由な行為によってじっさいに達成されるのは確実であり、そのことはいっそう高次の法則にもとづいている[10]」と結論づけています。この法則によって最終的には善が達成される、ということをこの結論は言おうとしています。

この「道徳的な秩序は神的なものであり、その神的なものを私たちは想定している[11]」あるいは信じているのであり、したがって道徳的な秩序が信仰・信念の根拠なのです。このような言いかたは――今日にかぎらず――すぐに誤解されてしまいます。つまり、秩序を〈秩序づけられている秩序〔ordo ordinatus〕〉と受け取ってしまうのです。これはしかしフィヒテの目から見れば誤解です。フィヒテが念頭に置いているのは〈秩序づける秩序〔ordo ordinans〕〉、つまり「活動のただなかにある秩序づけ[12]」であり、この点はフィヒテ自身が「私的書簡から」のなかで明確にしています。

この考えをさらに追って行くことにしましょう。意志規定とは、意志を行為へと定めることにほかなりません。したがって意志規定は、実現されるべき目的を前提しています。道徳的な意志規定の場合、この目的は、実践理性が私たちに義務として課すような目的です。そういう目的は、実践的に必然的です。つまり、そういう目的については、実現に向けた行動がかならず実践されなくてはならないのです。ところで宗教的信念が拠り所とすべきものは、フィヒテの哲学によれば、「義務の命令に従うときに人間にとって必然的であるようなある目的」[13]です。ここで導入されている目的概念をフィヒテは詳しく究明しています。そうするのは、この概念にはある問題がはらまれているからであり、その問題とは、必然的な結びつきをもたない二つの契機をこの概念が含みもっているということです。自由な意志は、命じられている目的をみずからに課します。けれどもその実現は、意志だけでどうにかなるようなものではありません。このことをフィヒテは、種まきの例に即して説き明かしています。この例は、福音書によってきわめて有名ですから、偶然に選ばれたものでないことは確かです。種をまく人が収穫できるためには、まさに種をまいてしまわなくてはなりません。これは疑いのないところですが、しかし種をまくことは、収穫のための十分条件ではありません。つまり、種さえまけばかならず収穫できるというわけではないのです。収穫に至るためにはさらに、その種が生長するということが必要です。生長は、種をまいただけではまったく与えられることのないいくつかの要因に依存しており、それはたとえば天候といったものです。種をまく人は、収穫を目的として追求しているわけですが、自分ではどうにもできない要因に頼らざるをえず、それをあてにするしかないのです。フィヒテは次のように要約しています。「こうして君は、種をまくときには二つのことをともにあてにすることになる。一つは、君がもっぱら自分の行動だけで生みだせるものであり、もう一つは、君にはまったく依存せずに存在し作用しているもの、つまり、自然の永遠の秩序である。そして、感覚を伴うあらゆる行ないに際して、君はこの二つのことをともにあてにしているのである」。さて、なにか目的を追求している者にとっては、なんといってもその目的の実現が切実な関心事であり、たとえ目的の実現がそれを追求する意欲だけでは果たせないにしてもそうです。道徳的な意欲もこの例外ではありません。道徳的な意欲も意志規定であるかぎり、この意志規定をおこなうかどうかは、意欲している当人次第ですが、目的が実現されるかどうかはそうではありません。とはいえ、目的の実現は無条件に命じられており、意欲している者はそのことを知っています。どうあっても、つまり無条件に、目的は実現されるべきなのです。意欲している者がこの義務を無条件に果たせるのは、その者が自分の意志を自分だけで規定するという側面にかぎられており、目的の実現が外的な要因に依存しているという側面では、義務の無条件の遂行は無理なのです。しかしそうであるとするなら、無条件の命令は最終的には実現可能なのだと考える必要があります。そう考えられないとすると、人間は絶望的な状況に陥ることになってしまいます。達成できないことを義務として課せられている、という事態に直面してしまうからです。君には、とフィヒテは読者に語りかけます。君には理性の命令が「理性に反したものに思われることになるだろう。その命令が、むなしいものであって、なんの成果ももたらさないと君に思われるならば。そして同時に、この種の意欲がくだす命令は理性に反したものと君には思われることだろう」[15]。

このような帰結を避けるためには、次のように考えなくてはなりません。すなわち、意志の決断には、その決断が生みだすことのできないなにかが後続する、と。つまり、「意志の決断からは、もちろん私たちが引き起こすものではないが、なにかが結果として生まれる」[16]はずなのだ、と考えなくてはならないのです。意志規定は意志みずからがおこなうしかないものですが、その意志規定にまったく依存しない結果が、つまり「私の力ではなく」[17]、まったく「私の力と私というものとの外部に」[18]あるような結果が、意志規定とともに考えられなくてはならないのです。もし道徳というものがこの世界で力をもつというのであれば、そのような結果は、法則に適合するものであると考えられなければなりません。ところでこの法則を「秩序と、（中略）道徳的秩序あるいは英知的秩序と呼ぶとするならば、つまりそれをつうじて道徳的あるいは英知的な連関もしくは体系もしくは世界が生起するような秩序とみなすなら、そういう連関は道徳的秩序を、有限であるような道徳的なもの〔つまり人間〕それ自身の内部にではなく、その外部に措定するだろうということはやはり疑いえず、したがって有限であるような道徳的なもののほかに、さらになにかを想定するだろうということは疑いえない」[19]。

秩序という言葉を自分は、活動のただなかにある秩序づけという意味で理解する、とフィヒテは述べています。したがって、ここで道徳的秩序と呼ばれているものは、自然と自由とを一つの秩序へともたらすような活動のことです。有限であるもののなかにそういう活動が可能なものがいるとは考えられないので、その活動は神的なものと考えるほかありません。「私的書簡から」の最後でフィヒテは『人間の使命』を参照指示しており、その参照箇所において彼は右の法則を精神的世界の法則と呼んでいます。「感覚を超える世界の」そうした「法則は、したがって、ある意志であるだろう[20]」。こうしてフィヒテは「あの生きて働く道徳的秩序が神にほかならない」と書きしるし、これにさらに次の文章を、人びとの強い怒りをかうことになった次の文章を付け加えています――私たちは「これ以外の神を必要としていないし、またこれ以外の神をとらえることもできない[21]」。この無限な意志が境界（＝限界）をもつとは考えられません。そのことを根拠にしてフィヒテは、神の人格性を否定します。つまり神が人格（原語のPersonは三位一体論では「位」つまり「位格」と訳される）をもつことを否定します。なぜなら人格という概念を考えるとき、私たちは境界ということもあわせて考えざるをえないからです。

　神の人格性の否定は、フィヒテが無神論の告発を受ける原因となりました。内容に踏みこんだ論争をいどむ者は誰もいませんでした。これは、きわめて残念なことです。なぜなら、フィヒテが提起しているのは重大な問題であり、しかも彼の告白によれば、当時は彼自身、その問題をまだ徹底的に考え抜いてはいなかったからです。

(1) GA I 5, 347 f.; SW V 178.
(2) GA I 5, 348; SW V 178.
(3) GA I 6, 377; SW V 385.
(4) GA I 6, 377; SW V 385.
(5) GA I 5, 351; SW V 181.
(6) GA I 5, 351; SW V 181.
(7) GA I 5, 351; SW V 182.
(8) GA I 5, 351; SW V 182.
(9) GA I 5, 352; SW V 183. Vgl. KpV 283.
(10) GA I 5, 353; SW V 184.
(11) GA I 5, 354; SW V 185.
(12) GA I 6, 374; SW V 382.
(13) GA I 6, 379; SW V 387.
(14) GA I 6, 380; SW V 389.
(15) GA I 6, 384; SW V 393.
(16) GA I 6, 382; SW V 391.
(17) GA I 6, 382; SW V 392.
(18) GA I 6, 382; SW V 392.
(19) GA I 6, 382 f.; SW V 392.
(20) GA I 6, 291; SW II 297.

(21)　GA I 5, 354; SW V 186.

第八章　『人間の使命』

イェーナ大学の職を解かれたので、フィヒテは一七九九年の夏にベルリンに向かいます。はじめは単身でしたが、その後一八〇〇年の春には家族全員が越して来ました。同年、ベルリンで『人間の使命』が出版されます。この本は、いくつかの観点から読み解くことができます。まずこの本は、『ヤコービよりフィヒテに宛てて』という著作に対する応答となっています。『ヤコービよりフィヒテに宛てて』はフリードリヒ・ハインリヒ・ヤコービがフィヒテに向けて書いたもので、この著作でヤコービは、フィヒテに対する無神論者という批判はあたらないとしながらも、フィヒテの知の理論については批判的な見解を述べています。ヤコービの理解によれば、カントの観念論は実在性を欠いており、フィヒテの観念論となるとなおさらそうです。ヤコービは、カントとフィヒテの観念論を、次のような知についての理論と理解したのです。すなわちその知とは、みずからをみずからと媒介するような知、つまり、みずからをみずからに繫ぎあわせるような知なので、結局、現実的なものについてはなにも知らないような知です。そういう知に、ヤコービは確信というものを対置しました。なぜならヤコービによれば、知はつねに媒介されており、知によって私たちが洞察に導かれることはないからです。ヤコービの考えでは洞察は直接的な意識においてのみ可能であり、この直接的な意識をヤコービは信念と呼ぶのです。フィヒテは、ヤコービの説いていることからそう遠くないところにいます。ただしフィヒテは、直接的でない意識と直接的な意識とは相互にどのように関係しあうのか、と問うのです。『人間の使命』は、さらに、知の理論を一般の人に向けて叙述する書でもあり、しかもその叙述は、フィヒテに対する無神論の嫌疑を払拭するということも目的としています。一般の人に向けられているとともに――こう言ってよいと思いますが――立場表明という性質をそなえていることも、すでに書名が告げています。この書名が指し示しているのは、ベルリンの神学者ヨハン・ヨアヒム・シュパルディング（一七一四―一八〇四）のある著作なのです。シュパルディングは一七四八年に『人間の使命についての考察』の初版をおおやけにしました。彼のこの著作は版を重ね、この著作名はさまざまな場面でくりかえし使われることになりました。

　フィヒテは『人間の使命』を三巻構成にし、序文を冒頭に添えました。三巻の表題はそれぞれ、懐疑、知、信念です。短い序文の述べるところによれば、この本は一般人向けのものであり、「本を理解したいという気持ちさえあれば、どんな読者でも理解できるように」[1]書かれています。序文はさらに、「この本で語っている〈私〉はけっして著者ではなく、著者が望んでいるのは、読者が〈私〉になってくれることである[2]」とはっきり述べています。こうして、フィヒテがつねにそうしているように、この序文は自分で考えることへと読者を促しているのです。

第一巻、懐疑――。ここでフィヒテは、独白調の文体で決定論的な世界像を示して見せます。この世界像は、以下に述べるようなものであり、私たちに広く共有されている素朴な世界像でもあります。私たちが学んだ多くのことは、権威に従って私たちが受け入れたことです。いま大切なのは自分で考えることであり、すでにカントが「考える勇気をもて！」という言葉でそれを促していました。私たちは、因果関係によって規定されている自然に取り囲まれています。人間自身もそういう自然のなかにあり、その一部なのです。因果法則によれば、すべてのものが規定されています。自然のさまざまな規定は変化しますが、私たちはその変化を、規則性があり法則に従っているものとして知覚します。なぜなら自然はもともと因果関係によって秩序づけられているからです。因果性とは、原因の力を意味しています。したがって自然は力なのです。自然の一部である以上、人間も自然力によって規定されていますし、さらに私たちの意識も自然力なのです。

私たちは、自分が自由であるという意識をもっており、この意識は否定できません。この意識を決定論的な世界像は、自然力の一部として説明する必要があります。この説明によれば、自由の意識は、私たちのうちで働いている自然力が私たちに意識されるようになる際のその形式なのです。じっさいには私たちは規定されています。罪、責任等々はスピノザもその著作『エチカ』で教示しているように、法的な意味しかもたず、道徳的な意味はもちません。こういう反省の成果は次のとおりです。「私は、自然力のひとつの現われである。この自然力は自然力そのものによって規定されており、その現われは宇宙全体によって規定されている(3)」。

理詰めによるこうした結論は、私たちを満足させません。反省する〈私〉は、自分のことを自由であると理解したいのです。頭と心とが分裂します。作品上の〈私〉は、自由であることを欲します。決定論において自然力とみなされているものに、その〈私〉はみずからなりおおせたいと思いますが、どうすればよいのかはわかりません。

第二巻、知――。第二巻は、第一巻とちがって、対話形式で書かれています。真夜中、幽霊でも出てきそうな時刻に、精神《ガイスト》〔原語は霊という意味ももつ〕が登場し、これと〈私〉とが議論します。すでに言及した著作『ヤコービよりフィヒテに宛てて』でヤコービは知の理論を非難して、あらゆることをこの理論は〈私〉から理解しようとすると述べていました。ヤコービによれば、知の理論における心つまり〈私〉が知っているのは次のことです。「心の外にあるものはすべて無であり、心そのものは幽霊にすぎない。幽霊ではあるが、なにものかの幽霊ということでさえなく、ただの幽霊それ自体である。それは、正真正銘の無であり、実在性をもたないものである(4)」。フィヒテは自分の知の理論についてのこのような見方に対抗して、幽霊ではなく精神を登場させたのだ、とみてよいでしょう。模範となる先例として、アウグスティヌスの『独語録』をあげることもできただろうと思います。アウグスティヌスのこの著作では、〈私〉が理性（ratio）と対話しています。フィヒテがこの書物を知っていたかどうかはわかりませんが、いずれにしても作品上の〈私〉が語りあう相手は、精神すなわち理性なのです。主張は明快であり、〈私〉は幽霊ではなく理性そのものであるとフィヒテは言いたいのです。

フィヒテはまちがいなく、精神を理性として登場させています。精神は人を驚かしたり惑わしたりはせず、自分で考えることへと促します。精神はなにか新しいことを言おうとしているのでもありません。「私が君に教えることができることは、じつは君がずっと以前から知っていることなのだ。いま君はそれを思いだしさえすればよい(5)」。「思いだす」という言葉は、プラトンの想起説を指示しています。思いだす内容を私たちが自分自身のうちから取りだすのと同じように、ここでも私たちは知についての知を自分自身のうちから取りだすのです。〈私〉は勇気を掻き立てられます。なぜなら自分自身で考えるようにと呼びかけられているからです。精神は「〈私〉自身の知性に向けていわば名指しで訴えかけてくる。〈私〉はそうする勇気をもとうと思う(6)」。〈私〉は、カントによって述べられた啓蒙の標語「君自身の知性を用いる勇気をもて！(7)」に従って行為します。こうして精神とは、次のような理性として、すなわち、なにかを洞察しようと望むならかならず反省（＝

内省〕のうちで立ちあげなくてはならないような理性として理解されるべきなのです。〈私〉は、それ自身、理性である、と言ってよいでしょう。作品上のこの〈私〉は反省する主体であり、この点は第一巻と同様ですが、いまやその反省は、あくまで理性に即したものとなっているのです。

第一巻の場合とまったく同じように、〈私〉は自然のうちで生きています――それ以外の生は考えられません。さてここで立てられるべき問いは、自然の事物が現に存在するということを私たちはどうやって知っているのか、というものです。答えとして唯一可能なのは、私たちはそれを知覚している、たとえば、白地の黒を本のページの色として知覚しているように、というものです。こういう色を私たちは、あらゆる感覚同様に、直接的に知覚しています。盲人はどうがんばっても見ることができません。たとえ光学でなされる光についての説明を盲人が耳にし、それを理解できたとしても、その人に色は見えないのです。光学の教えることとならば自分の理解したことを人に媒介する、つまり伝達することもできますが、見ることについてはそうはいきません。私たちはまた、自分たちの感覚をあれこれ区別もします。その区別は、感覚の種類による場合（視覚、聴覚、等々）と、さらに感覚の特殊性による場合（赤、緑、等々）とがありますが、いずれにしても区別は直接的になされます。直接的である知覚あるいは経験は、なにかほかのもので置き換えることはけっしてできません。この点は、独断論者も同意できただろうと思います。

しかし、さらに踏みこんで次のような問いを立てるところまでは、独断論者は行かなかったはずです。君が知覚しているということを君はどのようにして知っているのか、というのがその問いです。どの知覚も、私たちの意識の規定です。その規定を私たちは知っています。私たちは自分を、感覚するものとして知っています。したがって感覚には、感覚していという意識がつねに伴っています。私たちは自分自身の規定を、つまり自分の状態を知覚しているのです。この自分の状態を私たちは事物に帰属させます。黒と白の感覚を本のページに帰属させるのです。

こうして感覚は空間中に措定されます。私たちが知覚しているのは、さまざまな質だけです。さまざまな質は、ここだとかむこうだとかいうふうに空間中にあります。ここでまず指摘すべきなのは、そういう質が私たちの知覚をさまざまに境界づけているということです。ただし空間は質ではなく、質のための場所です。質は単一なもの、つまり非複合的なものです。とはいえ空間中では質は、延長した姿で現象しています。つまり単一なものではなくなります。空間は感覚とはちがって、無限な延長です。したがって空間における知覚によって、単一な知覚に広がりが与えられるのです。

これまでの反省において二つのものが区別されています。すなわち、私たちが端的にもっている感覚と、この感覚を空間においてとらえる直観との二つです。空間中に私たちが位置づけている後者の感覚について私たちは、それが対象に帰属すると主張します。そういう感覚は、私たちがそれを欲するかどうかにはかかわりなく、姿を現わします。私たちがそれをつくり出すわけではないのです。したがって、対象に属すると私たちが主張する感覚は、なんらかの根拠を、つまりその感覚を説明する根拠を必要とします。そういう根拠として私たちが考えるのが、対象つまり事物なのです。根拠律に従って、つまり〈なにかが存在したり生起したりするためには、じゅうぶんな根拠がなければならない〉という原理に従って、私たちは事物を思考するわけです。考察を深めることで明らかになるのは、事物についての主張は、感覚を対象へと移しこむことにほかならず、しかもその対象を私たちはまったく知覚していない、ということです。結合する、つまり媒介するのは、思考です。思考作用、判断作用が空間中の知覚を事物という概念と結合し、そうすることで感覚を事物へと移しこむのです。この移しこみは、根拠律に従って一切の反省抜きにおのずから自然におこなわれます。そのためその移しこみは私たちに意識されません。対象あるいは事物についての私たちの日常の素朴な意識は、「対象についての表象を私が生みだしているということの意識なのだが、そのことについて認識はしていない意識である」[8]のです。

これまでの反省によって、感覚についての意識と対象についての意識とが区別されています。感覚についての意識は私のうちにあり私の状態であり、対象についての意識は、私の外部になにかを措定します。第一の意識において私は主観〔＝主体〕であるとともに客観〔＝客体〕でもあり、両者は同じ一つのものです。別の言い方をするなら、私は〈私〉

なのです。第二の意識において私は、私ではない客観に対する主観であるにすぎません。対象は境界づけられており、したがって少なくとももうひとつ、それとは別の第二の対象が想定されなくてはなりません。これらの対象はそれぞれ分離しています。つまりそれらは空間中にあります。複数の対象が空間において直観され、比較され、判断されます。たとえば、窓のむこうに緑が見えています。あの事物は緑色であって、つまりあれは木である、ということになります。私たちはその事物に、すなわちその実体に、緑色を偶有性として帰属させているわけです。私たちは判断する際にカテゴリーに依拠します。たとえば因果関係もカテゴリーです。したがってあれこれの事物についての私たちの表象は、私たち自身がつくりだしたものなのです。こうして、私たちが生きている世界は私たちの表象界であり、つまりは像の世界であることになります。さまざまな像を生みだす〈私〉に反省を向けるなら、〈私〉もまたひとつの像、ひとつの表象となります。したがって私たちは、ヤコービが幽霊の世界と呼んでいるような像の世界にいることになります。作品上の〈私〉は、「序文」によれば反省をおこなう一人ひとりの人間です。この〈私〉は表象であるわけですが、この表象を生みだしたのは誰なのかと、もし私たちが反省するなら、この表象に対してさらに新たな表象が存在することになり、表象の表象というこの反省は際限なくつづきます。

このことを確認すると、第一巻から第二巻への議論展開がよく見通せることになります。

第一巻「懐疑」では視線が対象に張りついていますが、ここ第二巻では視線が、見ることそのものへと向けかえられています。私たちの世界についての私たちの知を形成したのは私たち自身なのだということを、いまでは精神すなわち理性によって私たちは意識させられています。ただし、そのことを〈私〉は信じることができません。「信じられない」というこの言いかたを私たちは、反対する論拠を示せないが確信しているわけではないことがらに対して用います。表象作用についての反省は終わり、精神は〈私〉のもとを去ります。

第三巻、信念〔Glaube〕――。Glaubeという言葉は、いくつかの異なったことがらを意味できます。フィヒテは、ヤコービによるこの語の用法を踏襲しています。フィヒテがここで念頭に置いているのは、宗教的な信仰ということではなく、意見ということでもなく、むしろ信憑ということなのです。本を手にもっているとき、私たちはそのことを自分に証明してみせるわけではなく、直接にそのことを知っています。つまり、ヤコービの言いかたによれば、私たちはそのことを信じている〔glauben〕のです。

第二巻の末尾でまだ決着がついていないのは、知の実在性についてのヤコービの問いです。理論的な知は、反省によって貫かれています。したがってそこに実在性を求めることはできません。この点まではフィヒテはヤコービと考えが一致しています。〈私〉は実在性を、現実的なものを求めます。フィヒテは次のように問います。「どれが〈私〉の心における中心点、すなわち現実的なものがそれに固く結びついている中心点なのか、心そのものが滅びるときにのみ心といっしょに滅びることになる中心点なのか」[9]。フィヒテは自分の思考の成果を放棄せず、ここでは心の側から、ということはつまり理性の側から問いを発しています。実在性は意識のうちにしか見いだすことができません。もし知のほかにもっと別のなにかが、つまり知ではないなにかが意識のうちに存在するなら、実在性は見いだされたことになります。ところで人間の使命は、たんなる知に尽きるものではありません。人間は、自分の理性のうちに理論的な知のほかに、ある促しをも見いだします。それは、みずからを行為へと規定せよという促しであり、つまりは、意欲せよという促しなのです。〈私〉は自分のうちに、活動へ向かう衝迫、活動へと駆りたてるものを見いだすのであり、しかもその活動は自立的な活動、つまり自力による自主的な活動なのです。したがっていまや対話は止み、ふたたび独白が始まります。〈私〉は自立的に考えるのであり、ここ第三巻においてそれは、理性的に考えるというのと同じことなのです。〈私〉は、第一巻では非理性的に反省し、第二巻では理性にまでいたりました。いま〈私〉はみずから理性的に反省することが可能になっています。

私たちはただなにかを知っているだけではなく、たとえば手に本をもっているということを知っているだけではなく、なにかを私たちがおこなうべきであるということ、行為するようになにかが私たちを衝き動かすということをも知っています。こういうことは、かならず本人に知られているのです。ところで、自分が駆りたてられていることを知っているというのは、たんなる知ではさらさらなく、理性の実在的な活動についての知です。そして理性のこの活動は、知であるということだけに尽きてしまうのではなく、意欲することへとじっさいに駆りたてることでもあるのです。ところで意欲するとは、目的にかかわる概念をあらたに思い描くことであり、その概念に従って行為することです。目的にかかわる概念は、理論理性のあれこれの概念とはちがって、現実の残像ではなく、目指すべき将来像です。そしてこの将来像にそくして、現実が行為によって形づくられていくことになります。〈私〉は、理論的な知であるということに尽きてしまうわけではなく、実践的な意識でもあり、その意識に即応する行為でもあるのです。たんなる知、との対比で、この実践的な意識は実在的なものと理解されます。ところで行為は、〈私〉を越えでて、〈私〉ではないなにかに手を伸ばし、そうすることをつうじてこのなにかを、自分の行為に対する実在的な抵抗として経験します。行為へと駆りたてられる場合、求められている中心点は、つまりそれにあらゆるものが結びついている中心点は、理性にほかなりません。なぜなら理性において〈私〉は自立的で自由なものとして姿を現わすからです。

したがって実在性は、理論的な知においてではなく、フィヒテが「信念」[10]と呼ぶような働きにおいてつかまえられるのです。信念、つまり信じるとは、ここでは直接的な意識を意味しています。道徳的な意識による促しは、直接的であり無条件的です。〈私〉は、当為を信じており、自分がすべきことを直接的に知っています。それゆえ実在性は、良心の直接的な知にそなわっているのです。「ただ良心にのみ真理は由来する」[11]。真理には主観〔＝主体〕の同意が不可欠です。そうでないと、たとえばコンピューターも真理を洞察できることになってしまいます。

この著作でフィヒテは、決定論から自由の意識へと進んだ彼自身の人生の歩みを反省しているとみてよいでしょう。この自由の意識は、カントをはじめて読んだときに、彼にとって納得のいくものと思われたのです。この意識の根拠は理性の自律にあります。自分なりの決定による個々人の行為は、理性の自律によってはじめて可能となっています。理性の立法は、自律的なものである以上、根拠づけることはできません。したがって理性の立法は、ただそれを信じることができるのみです。別な言いかたをするなら、理性の立法は、ただ直接的に確信できるのみです。理性の命令は意志に向けられており、意志はその命令に従うこともあれば従わないこともあります。そのためフィヒテの作品上の〈私〉は、こう言うことができるのです。自分がこのような考えかたを受け入れるのは、そうしなければならないからではなく、そうすることを意欲するからだ、と。ここで「信念にかかわることがらにおける主意主義」などと言っては、正しい解釈から遠ざかってしまうことになります。そのことは、次の文章を読めば一目瞭然です。「この場合、重要なのは、どのようにしてさまざまな主張の正しいことが、あるいはまちがっていることが確証できるのか、ということではなく、いずれにしてもすでに信じていることとそれらの主張とが齟齬をきたさないかどうか、ということなのである」(12)。ともかくフィヒテにとっていわば生死にかかわるほどの重要性をもっていた課題は、自分のさまざまな主張が、究極的には、自由についての自分の主張が、正しいことを確証することだったのです。この課題をフィヒテが果たしえたかどうかは、ほかならぬそのフィヒテによって要求されていること、つまり、彼といっしょにみずから思考を遂行することのうちで検証されなくてはなりません。自分が「いずれにしてもすでに信じている」ことを言い張っているような人物であるかのようにフィヒテを描くなら、彼の哲学の営みを粗略に取り扱うことになってしまいます。

フィヒテの主張は――これはすべての不適切な解釈に対してはっきりと強調しておきたいと思います――その要点を手短に述べるなら、次のようになります。私たちは道徳的な命令において、自分の自由を確信しており、また、なにかを引き起こす行為へと無条件に促されているので、私たちはその行為が可能であることを、それを可能にするあらゆる条件とともに前提し、したがってその行為の実在性と、自分の行為の客観(＝客体)として自分を取り巻いているあれこれの事物の実在性とを前提している。事物の現実性が私たちに現象するのは行為においてであり、そのことによって、〈私でないもの〉の実在性を主張することが可能となる――。

フィヒテは第三巻の冒頭で知の理論の基礎づけを実践理性の優位に依拠して遂行したあ

とで、このアプローチのいくつかの帰結について見通しを与えています。その帰結にここでごく簡単に触れておきましょう。

道徳的意識において私たちに自分以外の人間が与えられています。より精確に言えば、課題として与えられているのです。このことをフィヒテはすでにその著作『知の理論の諸原理による自然法の基礎』と『知の理論の諸原理による道徳論の体系』において、促しということ、あるいは承認ということによって根拠づけていました。

自分以外の人間は精神であるだけではなく、自然の一部でもあります。自然でもあるようなものとして自分も存在しているからこそ、私たちは自分以外の人間と交流しあえるのです。こうしてみると、コミュニケーションの媒体は自然だということになります。私たちの行為は自然のうちでしか成し遂げられないのです。こうして自然は、すべきとされているることを実現するための条件であり、この実現の媒体です。フィヒテが自然を義務の素材と呼ぶのは、そのためなのです。

道徳法則において目標として追求されているのは、理性をもつものがともに生きていくある状態です。人間の生活は社会化されているので、よき共生のためのあれこれの規則が尊重されるようになるためには、また尊重されつづけるためには、法〔＝権利〕が必要です。よき共生のための規則が尊重されるためには、法の秩序が、したがってまた国家という秩序が不可欠なのです。そのような包括的な秩序を築くことへと歴史は向かっています。

このことをフィヒテはのちに『現代という時代の根本特徴』で示してみせることになります。

ただし、道徳法則においては、それ以上のことも考えられています。つまり、法だけではなく、道徳性、つまり〈道徳的であるというありかた〉も考えられているのです。道徳性は、カントが要請していることがらを、すなわち不死性と神を要求します。

人間の使命についてのフィヒテの著作は、微細な点にわたるまでヤコービとの対決をその本質としています。道徳法則が直接に意識されていることをフィヒテは認めます。道徳の法則は――ヤコービの言葉を用いるなら――信じられているのです。しかしヤコービとはちがってフィヒテはそこからさらに、自然や人間存在、歴史、宗教をどう理解すればよいのかを示してくれています。直接的なものが、すなわち信じられているものが真であることを証示する、あるいは検証する点に、また直接的なもの、信じられているものが非直接的なものへどう関係するのかを明らかにする点に、ヤコービとはちがうフィヒテの独自性があります。そうした試みをヤコービは、はなから不可能だとみなしていたわけですから。

註

(1) GA I 6, 189; SW II 167.

(2) GA I 6, 189; SW II 168.

(3) GA I 6, 207; SW II 189.

(4) Jacobi an Fichte, in: Friedrich Heinrich Jacobi, *Werke. Gesamtausgabe*, hrsg. v. Klaus Hammacher und Walter Jaeschke, Bd. 2.1. hrsg. v. Walter Jaeschke und Irmgard-Maria Piske, Hamburg 2004, S. 207.

(5) GA I 6, 215; SW II 199.

(6) Ebd.

(7) Kant, *Schriften*, VIII 35.

(8) GA I 6, 232; SW II 221.

(9) GA I 6, 253; SW II 248 f.

(10) GA I 6, 257; SW II 253.

(11) GA I 6, 258; SW II 255.

(12) Kühn, *Fichte*, S. 414.

第九章 『最新の哲学のほんとうの本質について広汎な公衆に向けてなされる一点の曇りもない明白な報告――読者に理解を強いる試み』

フィヒテの著作『最新の哲学のほんとうの本質について広汎な公衆に向けてなされる一点の曇りもない明白な報告』は一八〇一年に出版されました。第一部は一八〇〇年の夏に、第二部は翌年の一月から数カ月かけて、ともにベルリンで書かれたようです(1)。これは、知の理論――この著作では最新の哲学と名づけられています――がなんであるかについて出版物をつうじて伝えようとするフィヒテの最後の試みです。著者であるフィヒテは、書名が示しているように、知の理論の理解へと読者を強いようと考えています。このような言いかたからして、フィヒテがここで提示しようとしているのは、強制的な論拠、つまり逃れがたい説得力をそなえた論拠であると考えることができます。しかし、それにしてもフィヒテの表現はかなり奇妙な印象を与えます。なぜなら、理解するということはなんといっても――フィヒテ自身の考えからしても――ひとつの自由な働きであり、自由に考えるということを抜きにしては成り立たないからです。どうやらフィヒテの同時代人たちは、この表現にフィヒテという人間の人柄が滲《にじ》みでているとみなしたようです。いずれにしてもこの書名は、さまざまな嘲りを引き起こすことになりました。たとえばカロリーネ・シュレーゲルとフリードリヒ・ヴィルヘルム・ヨーゼフ・シェリングは――のちにカロリーネはこのシェリングの妻となります――戯れに、ある標語を作りあげました。ゲーテをおもしろがらせたその標語とは次のものです。

太陽の明るさを疑え
星の光を疑え、
読者よ、私の真理と
そして君のバカさ加減だけは疑うな(2)

私たちとしては、フィヒテがあげている論拠を尊重することにしましょう。フィヒテの人柄といったものは、理解を強いるその論拠の力を強めも弱めもしないのですから。「序文」でフィヒテは、「哲学とはなにか」(3)を自分は知識人一般に向けて説き明かすと述べています。そして、哲学は「生まれつきのものではなく、学ばれる必要がある」(4)と明確に語っています。ここには矛盾が生じているようにみえます。すでに確認したように、フィヒテは『第一序論』で、哲学は生まれつきのものだと書いていたのですから。この矛盾は、フィヒテの言葉をその文脈から理解することで回避できます。『第一序論』の趣旨は、自由の感情は人間の本質に属するものであり、哲学はこの感情によってのみ可能となる、ということであり、一方ここで言われているのは、哲学も、たとえば幾何学と同じようにひとつの学問であり、そうである以上、学びとられる必要がある、ということなのです。フィヒテが言う学びには、単語や文をその文脈から理解する方法を学ぶということが含まれています。これは、いま具体例に即して実地に示してみせたとおりです。

哲学は自分で考える営みである、と『最新の哲学のほんとうの本質について広汎な公衆に向けてなされる一点の曇りもない明白な報告』の「序論」は再度述べています。そして、自分で考えるとは、ひとつらなりの論拠を把握し、それを頭にしっかりととどめておくということにほかなりません。これは、学ばれる必要のあるひとつの能力です。ところでフィヒテによれば哲学は、経験から結論を導きだすものではけっしてありません。フィヒテはむしろ、経験を根拠づけるものとして哲学を理解しており、そうすることで経験の外へ一歩踏みだすのです。

「序論」には六つの講義と「あとがき」がつづきます。この本は全体が対話形式で書かれていて、著者は読者と語りあいながら、〈自分で考える〉という営みへと読者を向かわせます。

第一講義――。フィヒテは、哲学あるいは知の理論がなんであるかを明らかにしようとします。すでに何度も述べたように、哲学に入りこむには日常の表象作用から距離をとることがどうしても必要です。フィヒテはまずこのことから語りはじめます。以前から用いている表現のひとつをフィヒテはほぼそのまま踏襲して、こう言います。「しっかりと内面に沈潜して君がやっていることだけを（中略）意識せよ、君自身を覗きこむのだ」[5]。私たちは日常でも、なにかを思いだしているときには、現在のことがらについてのあれこれの表象から離れます。このことをフィヒテはまず指摘します。つまり私たちは、自分たちの経験世界に閉じこめられているわけではなく、日常においても、ある意味でそこから自由であるのです。この自由は「哲学的な思考にとって不可欠の条件であるにとどまらず、通常の健全で正しい思考にとっても不可欠の条件である」[6]のです。この自由について私たちは思考をめぐらすようなことはせず、なにかを思いだすときには、おのずから即座に、直接的にそのなにかを思いだします。そのとき、私たちは――ほかの場合と同様に――自分たちの表象作用を忘れてしまいます。なぜなら、表象されているもののほうに私たちは注意を向けているからです。表象作用は、意識の働きについての私たちの忘却と表裏一体の関係にあるのです。自分の現在の状態についての表象を私たちは、そうでしかありえないという必然性の感情と結びつけます。とはいえ、その表象から身を引き離して、自分がおこなっていることを見て、それを概念的に把握することも私たちには可能です。しかしそのように身を引き離すというのは、必然的に起こることではなく、自由におこなうことなのです。私たちに現象するとおりに私たちが否応なく表象せざるをえないものを、私たちは経験と呼びますが、身を引き離すというのは自由な反省〔＝内省〕あるいは自由な抽象なのです。ここでフィヒテが示しているのは、次のことです。すなわち、一方で知の理論は日常の意識から離れるが、他方で、日常の意識を可能にしているものを知の理論は、私たちがもともといつでも遂行していること、たとえば私たちがなにかを思いだすときに遂行していることのうちにこそ見ているのだ、ということです。自分の注意を向けかえるという自由を、私たちはもっているのです。

第二講義――。私たちの知覚は、ある意味では自分たちの恣意にゆだねられています。私がはじめに右を見ようが左を見ようが、世界は変わりません。けれども、機械を、たとえば時計を理解するとは、その仕組みを理解することであり、したがって自分たちの思いどおりになることではありません。機械はひとつのシステム、つまり体系です。体系であることをフィヒテは知の理論にも求めます。つまり、知の理論は概念によって体系的に把握されなくてはならないのです。知の理論は「意識全体を、（中略）第一の根本諸規定にかんして、明確に示してみせ、導出してみせる」[7]。知の理論は第一に、この根本諸規定を提示します。それは第二に、意識それ自体あるいは理性それ自体を取り扱います。つまり人間の理性だけを、まして個々人の理性だけを扱うのではないのです。知の理論は第三に、右で述べた根本諸規定の体系です。それは第四に、それらの根本諸規定のひとつから出発して、それにそれ以外の根本諸規定を結びつけようと試みます。哲学はそういう根本諸規定をつくり出すのではなく、それを写し取るのです。この写し取られた根本諸規定が、ア・ポステリオリなものにとってのア・プリオリなものを形づくります。たとえば、幾何学が建築学や住居建築にとってのア・プリオリなものであるように。したがって知の理論は理性それ自体の写像をつくり出すのです。

第三講義——。この写像関係は、時計の像が時計そのものに対してもつ関係とは異なります。時計は、その原像を時計職人の精神のうちにもっています。理性の写像の場合には、時計職人の精神に相当するものが存在しません。そのため知の理論は、理性がひとつの体系であり、多様なものの統一であるという前提を立てるのです。ただし時計とはちがって、理性の体系は、生き生きした遂行の体系、つまり私たちの精神的活動の体系なのです。理性は生きているのであって、石のようにただそこにあるといったものではありません。生命はみずからを生みだします。したがって生命は意識も生みだします。私たちが意識の作用を遂行することで、意識はみずからを生みだすのです。理性がみずからのうちに法則をもつなら、その法則は遂行のうちで示されます。したがって哲学者は意識の作用を遂行し、意識のその遂行を注視することで、みずからの意識についての意識を、要するに自己意識を獲得しなくてはなりません。ここで「自己意識」という言葉は、通常の言語使用での意味、つまり個人が自分という人間についてもつ意識という意味ではなく、意識がそれ自身についてもつ意識という意味で用いられています。そしてこの自己意識は、どの個人も手に入れることができるのです。さて、この自己意識においては、主観〔＝主体〕と客観〔＝客体〕とは同一です。これは、フィヒテがすでに何度か詳しく論じているとおりです。この自己意識をフィヒテは「私であること〔Ichheit〕」とも呼んでいます。この知は、ほかのどの知ともちがって、なにものによっても条件づけられていません。つまりそれは無条件的であるのです。けれども、この無条件的なものが前提されなくてはなりません。そうでないと、どの出発点も疑わしいものとなってしまうからです。この無条件的なものは――すでに『知の理論全体の基礎』でそうであったように――見いだされるのです。〈私であること〉は、ほかのどんな知ともちがって、純粋な〈私〉です。純粋であるという言葉がここで意味しているのは、純粋な〈私〉においては〈私〉だけが、つまり理性がみずからそのはたらきを遂行するということだけが考えられている、ということです。この遂行において認識されるのは、みずからそのはたらきを遂行する知にほかなりません。〈私〉が見いだされるのは、それが生みだされることによって、つまり〈私であること〉という思考が遂行されることによってなのです。ところでこの遂行においておのずと明らかになるのは、〈私であること〉というこの思考は、およそ私たちが思い浮かべることのできるどの意識にとっても、いま述べたやりかたでしか遂行されえないということです。〈私であること〉のこの遂行は、フィヒテにとって、知的直観です。この知的直観は、フィヒテを批判する者によってナンセンスなものであるとみなされ、またそう言い立てられることが多かったですし、いまでもそうです。けれどもフィヒテが指摘するのは、私たちがたとえば幾何学においてア・プリオリな洞察を想定しているということです。私たちはみな、三角形の内角の和をあらためて測ってみたりはしません。私たちにはそれがわかっているからです。ア・プリオリであるというありかたがあれこれの図形によって根拠づけられているということはありえず、ア・プリオリであるというありかたの根拠は、あれこれの図形の条件であるもののうちに、つまり線を引いたり角を描いたりすることのうちにあるのです。このような活動は、もともとは精神的なものであり、そういうものとして直観されます。この精神的な活動が、どの作図にとってもその前提となっているのです。私がおこなっていることのこの直観は「したがって、理性一般の行為様式についての次のような把握、すなわちみずからを直接にそれとして構成するような把握であると言ってよいだろう。しかもその把握は、一挙に、かつ一瞥のもとに生じるのである」(8)。このようにしてフィヒテは、彼の知の理論がもとづいている諸規定を、日常の意識ならびに学問に携わる意識、ここでは幾何学に携わる意識において証示しようと試みます。知の理論が依拠する諸規定は夢幻の世界をただよっているわけではなく、この地上に根ざしているのだというこことを、フィヒテは示そうとしているのです。〈私であること〉を糸口にして、つまり、極度の普遍性において把握されている知的直観を糸口にして、知の理論は必然的にみずからを展開し、ア・プリオリに語ります。そしてそういう展開や語りは、知の理論が知的直観に新しい規定を次々と付け加えていくことによって可能となっています。そういう新しい規定を知の理論が付け加えていかなくてはならない理由は、知の理論が叙述しようとしているのが〈私であること〉ではないからです。知の理論は、私たちの意識全体を、私たちがそれをもっているとおりに、その意識の根本諸規定にかんして示してみせようとしているのです。

第四講義――。フィヒテによれば知の理論は、哲学者の意識において生みだされ、理性の根本諸規定を写し取ります。そのためには知の理論は、理性の根本諸規定をはっきりととらえなくてはなりません。つまりそれらを直観しなくてはなりません。だからこそ、遂行が必要なのです。遂行のただなかにしか、知的に直観されるべきものは存在しないからです。たとえば、ここに私は座っています。この場所と私は関係をもち、また、この場所から私は自分を区別します。この知を私が反省してみることで明らかになるのは、私は区別し、かつ、関係づけているということです。そうしていることを私が知っているのは、区別し関係づけるというそのことを私が遂行し、その遂行を私が反省をつうじて意識しているからです。遂行についてのこの意識をフィヒテは直観と呼んでいます。私が反省において知っているのは、直観と呼ばれるこの意識なのです。この遂行に対する反省は、するもしないも自由です。反省はかならず起きる、というものではありません。ですから、誰もが哲学者である、あるいは哲学者になる、ということでもないのです。

第五講義――。知の理論が与えるのは、理性の写像です。つまり、知の理論は理性の生それ自身ではありません。したがって知の理論は知であるにすぎず、行為ではありません。知の理論がそれだけで人間をよくするわけでもありません。知の理論は知にすぎず、なんの知かといえば、意識の根本諸規定についての知なのです。知の理論がこの諸規定を生みだすわけではありません。なぜなら、理性の根本諸規定が相互に関係しあいながらひとまとまりのものとして実際に存在していることを、知の理論は前提しているからです。もしこのことを前提できないとしたら、知の理論は反省することもできないでしょう。哲学的な反省は理性の像を徐々に成立させていかなくてはなりません。けれどもそれは理性の像であって、理性それ自身ではなく、哲学的な反省はいわば理性の残像にすぎません。したがって哲学は事物について語るものではありません。けれども、それなら哲学は実在性を欠いているのかというと、そういうことではないのです。なぜなら事物は意識においてのみ知られているからで、意識を抜きにしては、その事物がそれ自体でなんであろうとも、その事物について語ることはできないからです。また、扱われている根本諸規定は、あらゆる規定をすべて網羅したものでもありません。もしそうなら、私たちはア・ポステリオリなものを、つまり経験をもたないということになってしまいます。

第六講義――。この講義でフィヒテは知の理論の弁護をおこなっています。知の理論は、自分で自立的に遂行するしかありません。したがって知の理論は、自立性あるいは自由へと人を育てあげることに寄与します。しかもこのことは、ただ思考についてだけではなく、性格についても言えるのです。知の理論は、あらゆる知識や学問の根本諸規定を提示するのですから、人間の実践を規制する知識や学問の根本諸規定をも提示することになります。つまり、技術にかかわる根本諸規定をも、道徳や法にかかわる根本諸規定をも提示するのです。たとえばフィヒテはこう述べています――「だが直接的にも知の理論は、生活や人生に影響を及ぼす[9]」。知の理論は、しっかりと理解されるならば、人を自由な生活・人生へと導きます。「人間というもの〔人類とも訳せる〕の総体が、みずからを掌中に収め、人間であるというみずからの概念の支配に服するのである。それ以降、人間というものの総体が、自発的におこなうことを意欲しうることならばなんでも、絶対的な自由によって自発的におこなうようになる[10]」。自由で理性的な生を営むよう人間というものの総体を導くという役割を、フィヒテは知の理論に担わせているのです。このことをフィヒテはその後、一般人向けの三つの著作で詳しく論じます。これらの著作は、章を改めて取り扱うことにします。

「これまで知の理論の反対者であった哲学の専門家たちへの覚え書き」――。この覚え書きは激しい論争のための文章であって、読めばそのことがわかるはずです。フィヒテ哲学を理解するうえでとくに役立つところはなく、私たちが目指しているのはその理解ですから、ここではこの覚え書きについてこれ以上論じる必要はありません。

『最新の哲学のほんとうの本質について広汎な公衆に向けてなされる一点の曇りもない明白な報告』は、フィヒテが知の理論の概念を公衆にしっかり理解させようとした最後の試みです。こののちフィヒテは、それとは別のいくつかの課題に従事することになりました。それはなによりも、知の理論をさらに発展させるという課題でした。知の理論をフィヒテは大学での講義でしか詳しく論じなくなりますが、その成果は、一般人向けの講義やそれを書物化したものをつうじて世に知られました。

註

（1） Vgl. GA I 7, 167–169.
（2） GAI 7, 170.
（3） GA I 7, 185; SW II 324.
（4） GA I 7, 188; SW II 327.
（5） GA I 7, 197; SW II 336 f.
（6） GA I 7, 201; SW II 341.
（7） GA I 7, 208; SW II 349.
（8） GA I 7, 229; SW II 374.
（9） GA I 7, 256; SW II 408.

（10） GA I 7, 257 f.; SW II 409.

第十章　『現代という時代の根本特徴』

十九世紀の初頭、フィヒテはベルリンで一種の隠遁生活を送っています。親しい知人たちとのあいだでも彼は孤立するようになっていたのです。ラインホルトやシェリングとの文通は決裂ののちに途絶してしまいます。ヤコービとだけ手紙のやり取りがつづいていました。

この時期にフィヒテは、無神論論争の経験を踏まえて、知の理論をもう一度根本から考え抜くことになります。長い時間をかけて熟考をかさねたのち、フィヒテはついに一八〇四年に公衆の前に姿を現わし、三度にわたる公開の連続講義において、以前よりも深められることで変更がくわえられた知の理論を披瀝《ひれき》します。自分の哲学の核心部をなすこの理論を、フィヒテはもう口頭でしか述べようとしませんでした。なぜなら、このやりかたであれば誤解をすぐに解消できると考えたからです。

フィヒテがこの講義で論じたことについて、ここではその概略しか示すことができませんが、それでもともかくそれを示しておく必要があります。なぜならそこで説かれていることは、一般人を対象にした三つの講義〔＝『現代という時代の根本特徴』、『ドイツ国民に対する連続講演』、『完全に満たされた生へ向けての助言、あるいは宗教論』〕の基礎をなしているからです。無神論論争が起きたことにより、神についての問いが知の理論のなかで立てられることになりました。それまで知の理論は、すでに示したとおり、意識の成立のために不可欠だと考えられる諸条件によって知を説明していました。頂点に〈私〉あるいは事行が位置するそれらの諸条件は、あるがままの意識を、それのいくつかの基本的な遂行にかんして説明します。そういう説明がおこなわれることによって、それらの諸条件は、説明されるべき意識に関係づけられています。

意識がみずからを説明するその説明によれば、〈私〉は意識において絶対的なものです。その説明は、私たちがもっている意識にもとづいています。つまり、ひとつの原事実にもとづいているのです。知の理論は首尾一貫性を保って正しく展開された、とフィヒテとともに私たちが前提するとしても、知の理論でまったく答えられていない問い、すなわち、知の理論はそもそも真であるのかという問いが残っています。知の理論は、フィヒテがすでに『知の理論の概念について』で見抜いているように、円環構造をもつような思考運動です。その思考運動は矛盾を含んでいない、とフィヒテは主張します。けれども、お伽話の妖精の国という作り話も、同書でフィヒテ自身がすでに気づいているように、矛盾は含んでいません。こうして真理についての問いが浮上してくるのです。

この問いは、意識にかかわる問いであって、意識に対してだけ答えることができます。真理とはなんであるかを知っていると私たちは主張しますし、これは真であるとか真でないとか言うことによって私たちはそういう判断のいずれにおいても真理というものを念頭に置いています。真理とはなんであるかを、私たちはまったく素朴な仕方で知っているのです。このような素朴さのうちで私たちは、真の知それ自身は主観〔＝主体〕にも客観〔＝客体〕にも依存していないと言います。知っているのがあなたであろうと私であろうと、私たちが知っているものがこれであろうとあれであろうと、知それ自身は同じ知なのです。主観も客観も捨象したこの知をフィヒテは純粋知と呼んでいます。私たちが思考しているものは、それがどの意識によっても真であると承認されるためには、どうしても真でなくてはならないのであり、妥当しなくてはならないのです。真であるものについて私たちは、片意地を張るのでないかぎり、一致します。こうして、真理は〈一つであるというありかた〉をしていると私たちは考えます。真理は、主観によっても客観によっても条件づけられていないので、無条件的すなわち絶対的であり、つまりは〈絶対的なもの〉です。ところで〈私〉は、意識に対して〈私〉であり、意識の究極の条件であり、したがって〈私〉は、〈私〉がそれの条件であるその当のものによって、つまり意識によって条件づけられています。そのため、〈私〉は絶対的なものではない、つまり神ではないのです。問われなければならないのは、どのようにして私たちは絶対的なものを話題にできるのかということです。絶対的なものが端的に〈一つであるというありかた〉をしているのであるならば、そのうちにはわずかの差異も考えることができません。古代や中世において神は「純然たる現実性における存在《ある》」として、存在《ある》そのものとして考えられています。フィヒテもまた「存在《ある》」という言葉を用いており、この言葉で、どんな差異もない〈一つであるというありかた〉あるいはそういうありかたをしているものを考えています。しかし行為ということについては、差異ということを抜きにしては考えることができません。つまり、規定されていないありかたから規定されているありかたへの移行としてしか、私たちは行為を考えることができないのです。したがって、フィヒテによれば、創造ということも世界の外なる創造神というものも考えることはできず、それゆえにまた、ほかから生みだされたものであるような意識——意識はそのようなものだと思われがちですが——も、考えることができないということになります。しかし、創造ということは考えられないにしても、次のことは否定できません。すなわち、私たちはたしかに絶対的なものではないが、それでもここに現にいる〔＝ある〕、ということです。私たちはここに現にいる、と言うとき、この「ここに現に」という言葉は、ある制限を表わしています。それでは、絶対的なものと絶対的でないものとはどのように考えればよいのでしょうか。まず明らかなのは、絶対的なものに即するかぎり、関係というものは考えられないということです。なぜなら関係は関係の両項を、相互に条件づけあうものとして現象させるからです。関係というものは、知の側からしかとらえられないのです。フィヒテは絶対的なものを存在《ある》それ自身として規定します。したがって、絶対的なものでないものは、存在《ある》ではありません。とはいえそれは、無でもないのです。理解を促すためにフィヒテは表象というものを引き合いに出します。表象するということにおいて私たちは、表象されている事物と私たちのもつ表象とを区別します。その事物は、意識のうちに現われてきますが、表象されているものの存在《ある》でもなければ無でもありません。それになぞらえてフィヒテは、意識は存在《ある》の現象である、意識は〈存在《ある》がここに現にある〉ということである、と言っています。絶対的なものは意識において現象し、意識において世界が現象します。意識は端的に同一の意識であり、そうであることで、絶対的なものが〈一つであるというありかた〉をしていることを意識は映しだしています。絶対的なものは、一つであるものとして意識において証示されます。絶対的なものが見いだされるのは、もはや差異がないようなところにおいてである、と言ってよいでしょう。差異は概念に特有のものです。したがって概念のないところで絶対的なものは見いだされます。つまり直観においてそれは見いだされるのです。どんな概念もその妥当性を失ってしまったときに残るものとして、フィヒテの言いかたでは、どんな概念も「滅ぼされて」しまったときに残るものとして、絶対的なものは姿を現わします。絶対的なものについては差異を考えることができませんが、絶対的なものは知のうちで現象するのであり、したがって絶対的なものは知とある意味で一つであるので、内在と超越との差異も消え去ることになります。以上が、フィヒテの後期哲学が辿る方向についての大まかな紹介です。

フィヒテは理解されることを、しかもできるだけ多くの人間に理解されることを求めています。そのためこれ以降、彼は一般人向けの講義というかたちで、自分の考えを人びとに伝えようとするのです。[1]まずフィヒテは、一八〇四年の十一月から一八〇五年の三月まで連続講義をおこないます。これは一八〇六年に『現代という時代の根本特徴』という表題をもつ本として世に出ました。

ところで、プロイセンの政府はフィヒテの能力を活用する気になり、当時はプロイセン領であったエアランゲン大学の教授職を彼に提供します。一八〇五年の夏にフィヒテはエアランゲン大学で講義をもちます。冬のあいだのベルリン滞在は許可されていました。そのベルリンでフィヒテは自分の宗教哲学についての講義を、つまり『完全に満たされた生へ向けての助言』という講義をおこないます。一八〇六年の夏には戦争によってエアランゲンへの旅が不可能になりました。一八〇六年の十月にプロイセンがナポレオンによって壊滅的な敗北を喫すると、フィヒテはケーニヒスベルクに逃れます。その地で彼は一八〇七年の初めにふたたび知の理論について講義をおこなっています。

ナポレオンによって占領される危険がケーニヒスベルクにも迫ってきたので、フィヒテはさらにコペンハーゲンへと逃れます。そののち平和条約が結ばれてから、彼はベルリンに戻りました。ベルリンで一八〇七年の十二月から一八〇八年の三月にかけて『ドイツ国民に対する連続講演』をおこない、そのあとすぐにそれを出版しました。この連続講演は、これから紹介する『現代という時代の根本特徴』を下敷きにしています。

体系的に思索する者は、自分の属する時代について語るとき、その時代を歴史の全体的脈絡のうちに位置づけようとします。つまり、かならずひとつの歴史哲学を示してみせることになります。フィヒテも、そうした思想家の一人でした。歴史哲学というのは、哲学の分野としては比較的新しいものです。この分野が成立するのは十八世紀であり、この時期に人びとは、太古の文献、たとえば旧約聖書の『創世記』やオイディプスの物語などを、実際に起きた事実とはもうみなせなくなっていましたが、その一方で、そうした文献を無意味な戯言《たわごと》とみなしてお払い箱にしてしまうこともできないでいました。解決策として、理性使用は徐々に発達するという仮定が登場します。人間というものは理性を、きわめて単純な能力からよりいっそう高次の能力へと発達させていく、という仮説です。こういう歴史モデルは、レッシングの『人類の教育』のなかにすでに見いだされます。発達というものはさまざまな洞察や経験を次の世代へと手渡すことによってのみ可能となるのであり、それは言語によってなされる、ということをヘルダーは認識しています。最後にカントは『世界市民的見地における一般史の理念』で、そのような伝承は確固とした組織を、つまり国家を必要とすることを示しています。

このテーマにフィヒテはほぼカントと同じようなやりかたで着手します。カントが歴史についての理念を展開しているように、フィヒテは歴史についてのある概念を展開しています。歴史一般について、つまり、どんな歴史であれともかく歴史ということについて有意味に語ることができるためには、歴史についてのある概念、ある理念をもっていなくてはなりません。歴史とはなんでありなんでないかが、それによって規定されるような概念、理念です。フィヒテはその概念を、哲学的にはぜひともそうしなくてはならないはずなのに、知の理論から展開することをせず、自分の聴衆の真理感覚をあてにしながら次のように説明しています――「人間というもののこの地上の生の目的は、この地上において人間というものがその生活のあらゆる局面を理性に従って自由に構造化することにある」[2]。この主張は、『最新の哲学のほんとうの本質について広汎な公衆に向けてなされる一点の曇りもない明白な報告』からの前章での最後の引用文〔=「人間というものの総体が、みずからを掌中に収め、人間であるというみずからの概念の支配に服するのである。それ以降、人間というものの総体が、自発的におこなうことを意欲しうることならばなんでも、絶対的な自由によって自発的におこなうようになる」〕を引きつぐものであり、自分の聴衆ならこの主張に即座に同意できるだろうとフィヒテは見込んでいるわけです。理性はフィヒテにとってなによりもまず実践理性であるということを考慮に入れるなら、フィヒテがそのように見込んでいることは納得がいきます。生活のさまざまな局面を構造化するということは、法秩序においてのみ——もちろん、たんに合法的であるだけの秩序ではなくて、正義にかなった秩序ということですが——思考可能です。こうしてフィヒテはカントに近いところにいることになります。なぜならカントも、人間というものにとって到達可能な目標を、諸国家内の法秩序と諸国家間の法秩序ということに置いていたからです。フィヒテおよびカントとともに考えるなら、たとえば人権宣言や国際連合の設置などは、平和を確保するための制度、あるいは少なくとも戦争を回避するための制度であり、実践理性、より精確に言うなら法的理性に従って生活の諸局面をも構造化する第一歩であると言ってよいでしょう。私たちが、人権について語る一方で、この人権が抑圧や貧困のせいで多くの人に保障されていない現状を見るならば、もしその実現に努力しないとしたら、フィヒテの言葉で言えば生活の諸局面を理性と自由に従って構造化する努力をしないとしたら、自分自身と矛盾してしまうことになります。このことは、哲学的に導出してみせるまでもなく明らかです。この目標を人間というものは、全体として、つまりあらゆる世代をつうじて、人間が地上に生きているかぎり自由のうちで追求すべきなのです。じっさい、生活の諸局面を理性的に構造化することは、自由をつうじてしか可能ではありません。少なくとも理性が実践理性である場合には、そうなのです。自由という言葉が用いられる最大の理由は、人間というものはみずから自発的にこの目標を達成すべきであるとフィヒテが考えている点にあります。

人間のいるところに、理性があります。人間がその生を自由のうちで理性に従ってみずからかたちづくるべきだとするなら、その開始点に理性がすでに完成された姿でひかえているなどということは不可能です。そういう完成は、どの目標も同じですが、時間を要する過程の最後の段階で達成されるのです。したがって理性の完成も、時間のなかでは、理性が自分自身へといたる活動として考えられなくてはなりません。それゆえ、歴史を画するいくつかの時期が、つまり歴史がみずからの目標に近づいていくにあたって通過するいくつかの時期が区別されなくてはなりません。フィヒテは、歴史を画するこういう時期を示すにあたって、それらが固定的なものだとは考えていません。個人や民族が、人類全体よりも先を行くことも、逆にそれに遅れてしまうこともあります。つまりフィヒテは、時を同じくするもののなかに時間の不均衡があることを心得ているのです。フィヒテはこの時間がどのように秩序づけられているかを問い、その時間秩序を、第一の時間、すなわち人間というものが「自分の生活の諸局面をまだ理性に従って自由に構造化しきれていない状態で」生きている第一の時間と、人類がこの「構造化を自由に成し遂げる」(3)第二の時間へと分けています。

この第一の時間を、フィヒテは四つの時期に区分します。一方で人類の歴史の始まりは、理性を抜きにしては考えることができませんが、他方でこの理性は、発達しおえたものではまだありません。したがってこの理性は、それと意識されることなくはたらくほかありません。ちょうど私たちが日常においてあれこれのカテゴリーに従って判断しているにもかかわらず、そのカテゴリーについてとりたてて考えてみることがないのと同じです。こういう場合、理性ははたらいているのですが、人間はその理性を自由に使いこなせてはいないわけです。なぜなら、いまの場合、人間は理性について自由に反省するところまでいっていないからです。つまり理性は、はじめは本能的にはたらいているのです。フィヒテは、理性本能という言葉を使っています。それについてフィヒテは、「根拠への洞察を欠いた意識」(4)と述べています。歴史の第一の時期を特徴づけているのは、この理性本能です。この本能は無条件に支配する、と考えるフィヒテは、この時期を「人類の無垢の段階」(5)と呼んでいます。

この状態に留まるわけにはいきません。理性は、自由な反省にまで高まるためのきっかけを必要としています。そのきっかけが与えられるのは、人間の活動が多様化して労働が分業化する結果、ものごとを分類し体系化する必要が生まれたときです。ただし、この段階では、そういう体系が自由な反省によって生みだされることが可能になるところまでは、まだいたっていません。そのため、その体系は、理性本能の支配する時間から引き継がれ、非反省的な力によって維持されることになります。こうして理性本能は「外から強制する権威」(6)へと姿を変え、「理論体系や生の体系が既成事実化する時代」(7)が成立し、こうした体系が「盲目的な信仰を、そして無条件の服従を要求する」ことになります。フィヒテはこの時代を「罪が頭をもたげる段階」[8]と呼んでいます。無垢の時代のあとに来るのはそれとは反対のものであるほかないということは、たしかに理解できます。しかし、罪という言葉を選んでいることには違和感をおぼえます。というのはこの展開は、避けようのない必然として説明されているからです。罪や罪責を、必然的で避けようのないことと理解するわけにはいきません。自由におこなわれたこととされているからこそ、それは罪であり罪責でありうるからです。ここでフィヒテが言いたかったのは、理性の第一の時期に自明であった妥当性が理性から失われてしまうということ以上ではないと思われます。

反省されることなく既成事実化した権威に対して、理性と歩みをともにする自由の感情、個々人の自由の感情が、反旗を翻します。外からの強制へと行きついてしまった理性本能は個々人の自由の意識を憤《いきどお》らせ、個々人はこの強制から自分を解放しようと試みます。それとともに個々人は間接的に、自分を理性本能からも、ひいては理性そのものからも解き放ちます。どんな要求にも疑いの目をむけ、個々人は、みずから洞察し決定することを望むようになります。「あらゆる真理に対する無関心とまったくの無拘束との時代」[9]が到来します。普遍的に妥当し拘束するものに対し、個人はその妥当性を認めようとしません。承認するしないは自分が決めることだと個人は言い立てますが、そのための基準をもっているわけではありません。なぜなら、理性的なものと非理性的なものとを明確に区別できるだけの反省能力がまだ身についていないからです。そのためフィヒテはこの第三の時期を「罪深さがきわまる段階」[10]と呼んでいます。

どんな権威からも解放されているためには、認識をもとうとする者は誰でもじっさいに認識を遂行しなくてはなりませんし、また、権威の正体を洞察できなくてはなりません。したがって、権威からの解放は、それが無秩序な状態へと陥ってしまうことをよしとしないのなら、反省へと否応なく向かわされることになります。しかも、理性以外に私たちを結びつけるものはありませんから、その反省はあくまで理性にもとづく反省なのです。こうして真理は「最高のものとして承認」[11]され、哲学は「理性の学」[12]として、フィヒテがまさに知の理論において達成したと考えている「理性の学」として可能になります。理性がみずからの本質を人間において見抜く、つまり、みずからの本質をみずから見抜くのです。こうして歴史は第四の時期へと、つまり「正当性の証明〔義認と訳される場合もある〕が始まる段階」[13]へと到達します。

なにが真であり拘束力をもつかをひとたび知るにいたるなら、人間というものは自分自身を、「理性が的確に刻印されたものへと、誤りを犯すことのない手で」[14]築きあげることになるでしょう。そのために必要なのは、こうした目標はどうすれば実現できるのかを示す知識あるいは学問、つまり、行為についての知識あるいは学問です。この知識や学問そのものも、理性の洞察にもとづかなくては成り立ちようがありません。また、能力の訓練と獲得、フィヒテの言いかたによれば技量の訓練・獲得もまた必要です。それによって、最後の第五の時期、つまり「正当性の証明と聖化とが完遂される段階」[15]が開始されていることになります。

フィヒテはまず、二つの時間を区別していました。それは、人間というものが目標への途上にある時間と、その目標を実現するにいたる時間です。この第一の時間は、いまそれぞれ区別したうちの四つめまでの時期に対応しており、第二の時間は第五の時期に相当します。これら五つの時期の連なりをフィヒテはア・プリオリなものと理解しています。「人間という種の生は（中略）確固とした計画にしたがって前へと進んでいく。この計画は必然的に実現されなくてはならず、したがってきっと実現される」。カントとちがってフィヒテはここで、歴史についてのある概念を主張しているだけではなく、その実現をもア・プリオリに主張しています。初期の知の理論がその後さらに展開されていくことについてさきほど概略だけを示しましたが、その展開のなかでフィヒテは、「じっさいにここに現にあるものは、なんであれ端的に必然的にここに現にあり、それゆえ、それがここに現にあるとおりに端的に必然的にここに現にあるのだ」と書いています。じっさいにここに現にあるものをフィヒテは、神の現象として理解しています。神が、存在《ある》として考えられなければならないことが端的に必然的であるように、神がじっさいに現象していることも必然的であるのです。したがってその世界計画が失敗するなどということを、フィヒテは考えることができません。悪の否定はこのことと呼応しています。悪の存在《ある》を否定するフィヒテの見解は、すでに『知の理論の諸原理による道徳論の体系』で提示されていましたが、いまここでは「罪という妄想」という言いかたであらためてその見解が述べられています。

フィヒテが歴史についての右のような概念を構想するのは、自分が生きている時代をそのうちに組み入れるためです。フィヒテの考えによれば、彼が生きている時代は第三の時期です。この判定を彼は哲学的に証明することはできません。その判定は、「世界や人間をよく知っている人がくだすべき」(19)ことがらです。フィヒテは、自分がそういう人間であるとここで主張してはいません。彼は、自分の判定が正しいかどうかについては、その判断を読者にゆだねているのです。

五つの時期の中間点である第三の時期は、移行の時期です。この時期は人びとを、みせかけの権威による強制から解放し、明晰な洞察を特徴とする第四の時期へと導きます。そのため第三の時期は、これら両方の局面に関わりをもちます。二つの時期のこのような区別をフィヒテは、主として学問の発達に依拠しながら説明しています。両時期の相違を彼は、第三の時期が第四の時期とちがってみずからの概念の枠組みを問題化せず、そのため知についてのほんとうの反省にいたっていないという点に見ているのです。カントの概念を用いて言うなら、第三の時期はみずからを啓蒙された時代とみなしているが実際はそうではない、ということになります。理性の権威のもとで普遍性が疑問視されると、残るのは個人だけとなり、しかも個人は自然物とみなされています。つまり、認識の源泉として信頼できるのは経験可能なことがらだけなのだと思いこまされているような人間だけが残るのです。法や道徳性が妥当するのは、それ自身によるのではなく、個人の利益のためとされます。このようにして、個人は、つまり『自然法の基礎』によれば人間という類においてのみまさに個人として概念的に把握されうる個人は、自分をそのように正しく概念的に把握することがまったくできず、そのため正しく生きることもできないという事態が帰結するのです。

このような見方によれば、理性的で有意義な生は、個人が自分を人間という類の一員として概念的に把握する場合にのみ可能であることになります。こうしたことが実現するのは、次のような絶対的国家においてです。すなわち、個々人のあらゆる力が類の生へ向けられており、そのおかげで誰もが相互に結びついていて、共通の法が万人に自由を保障しているような国家においてなのです。そういう国家は、文化に立脚した国家である、と考えることができます。その反対物としてフィヒテがあげているのは、野蛮状態です。野蛮状態は、「秩序と法のもとにもたらされ、この意味で文化状態へと洗練される」[20]ことが必要です。したがって、文化ということで考えられているのは、まず、法に適っているということであり、最終的には、正しい法に適っているということです。今日の私たちが文化という言葉でおもに理解しているものごとを、フィヒテは国家の目的から除外しています。

それはすなわち「宗教、学問、徳[21]」といったことがらです。国家は、たとえば学問のための施設や設備を整えることはできますが、学問そのものをみずからおこなうことはできません。徳とはよい意志のことですが、それは国家がとうてい前提できないものです。

そうできないと同時に、よい道徳というものは、国家があてにする必要のないものでもあります。フィヒテが見知っているよい道徳とは、消極的なかたちでは、不正が究極的にはエゴイズムによって回避されているという事態であり、積極的なかたちでは、「どの個人のうちにも人間という類を認めて、それを敬う[22]」という事態です。よい道徳の積極的なかたちにおいてはやはり徳が前提されているのではないか、と問われなくてはなりません。このような種類のよい道徳は、フィヒテの考えでは、キリスト教によって要求されています。「よい道徳について私たちが提示した概念の中核をなすのは、どの個人もただ個人として、そしてそれが人間の顔をしているということによって、一人の例外もなく（中略）人間という類の一員として、しかも人間という類を代表する者として承認されるということである。別の言葉で言うなら、あらゆる人間の根源的な平等ということが、人間相互のあらゆる関わりあいの根本にあってそれを支配する見解となるということである。ところであらゆる人間のほかならぬこの平等が、キリスト教の本来の原理なのである[23]」。キリスト教をフィヒテは、定言命法──ここで念頭に浮かぶのは、それの「自己目的の定式」（＝「あなた自身の人格における人間性と他の誰もの人格における人間性とをともに、つねに同時に目的自体としても扱い、けっしてたんに手段としてだけ扱うことのないように、行為しなさい」」である――に即して理解しています。もしここで要求されている意識がじゅうぶんに内面化されていて、その意識が命令として現存する必要がまったくなく、すべきことがおのずから遂行されるなら、積極的なよい道徳は完成されていることになります。もし道徳性が、もはや要求される必要がなく、道徳性それ自身のゆえに愛されるのなら、道徳性は宗教に、つまり「神的な生にそなわる愛」(24)になります。こうしてフィヒテはすでに、『完全に満たされた生へ向けての助言、あるいは宗教論』の思想へとほぼ到達しているのであり、したがって歴史哲学は宗教哲学へと私たちを導いていくのです。このことは、また別の点でも明らかになります。それはすなわち、フィヒテが宗教の本質を、「あらゆる生を、一つの根源的な、完全によい、完全に満たされた生の必然的な展開とみなし、そういうものとして承認すること」(25)のうちに見ているという点です。ここですでに、「完全に満たされた生」という表現が登場しており、これは『完全に満たされた生へ向けての助言、あるいは宗教論』という著作のタイトルにあらためて現われてきます。しかしこの著作について話す前に、まずは『ドイツ国民に対する連続講演』を論じておきましょう。この『ドイツ国民に対する連続講演』でフィヒテは、この講演が『現代という時代の根本特徴』を踏まえたものであることを明言しているのですから。

註

（1）一般向けの一連の講義や講演の全体について、およびその一つひとつについて論じている文献として、次のものをご参照ください――Peter Lothar Oesterreich（Hg.）, *Johann Gottlieb Fichte: Schriften zur Angewandten Philosophie*, Frankfurt/M. 1997, S. 859-996.

（2）GA I 8, 198; SW VII 7.

（3）GA I 8, 198 f.; SW VII 8.

（4）GA I 8, 199; SW VII 9.

（5）GA I 8, 201; SW VII 11.

（6）Ebd.

（7）Ebd.

（8）Ebd.

（9）Ebd.

（10）GA I 8, 201; SW VII 12.

（11）GA I 8, 201; SW VII 12.

（12）GA I 8, 200; SW VII 10.

（13）GA I 8, 201; SW VII 12.

（14）Ebd.

（15）Ebd.

（16）GA I 8, 206; SW VII 17.

(17) GA I 8, 296; SW VII 129.
(18) GA I 8, 346; SW VII 190.
(19) GA I 8, 207; SW VII 19.
(20) GA I 8, 322; SW VII 162.
(21) GA I 8, 325; SW VII 166.
(22) GA I 8, 368; SW VII 218.
(23) GA I 8, 369; SW VII 220.
(24) GA I 8, 382; SW VII 236.
(25) GA I 8, 386 f.; SW VII 240 f.

第十一章 『ドイツ国民に対する連続講演』

フィヒテは「ドイツ国民に対する連続講演」を一八〇七年の十二月十三日から一八〇八年の三月二十日にかけておこないます。この一連の講演が本として出版されたのは一八〇八年の五月でした。すでに述べたように、一八〇六年十月十四日にイェーナとアウエルシュテットの会戦でプロイセンがナポレオンに壊滅的な敗北を喫したあとで、フィヒテはベルリンを去り、一八〇七年夏に平和条約が締結されるまでその地に戻りませんでした。プロイセンの敗北に先立って、オーストリアとロシアが一八〇五年十二月二日にアウステルリッツでナポレオンに撃破されています。このアウステルリッツの戦いに、プロイセンは兵を送りませんでした。その結果、フランツ皇帝は一八〇六年八月六日に「ドイツ国民の神聖ローマ帝国」の帝位を退くことになり、帝国は、プロイセンをふくむ複数の独立国家へと解体します。これによってドイツ国民は、フィヒテの言いかたを用いるなら、自己を失ったのです。「ほかならぬこの重大事によって、フィヒテは（中略）『ドイツ国民に対する連続講演』をおこなうことに決めた」(1)とラインハルト・ラオトは書いています。全部で一四ある講演を、以下で取り扱います。

第一講演。前置き、および全体の概要――。一連の講演は、フィヒテが講演の冒頭で強調しているように、『現代という時代の根本特徴』と密接に関係しています。『現代という時代の根本特徴』でフィヒテは、自分が生きている時間を歴史の第三の時代（前章では「時期」）に位置づけていました。その特徴としてあげられていたのは、エゴイズムと利己心です。しかし、フィヒテによればそうした時代診断から三年が過ぎて、ドイツ人の――もちろんプロイセン人もふくむ――利己的で自己中心的な振る舞いは破滅をもたらすにいたっています。利己心、つまり自己の利益のことしか考えないような態度は、「当の自己と、その自己の自立性とを失ったことで、みずからを、つまり利己心そのものを滅ぼした」わけです。[2] こうして第三の時代は、その時代の原理のうちにあらかじめ組みこまれていた破滅を経験したのです。『現代という時代の根本特徴』によれば、このことをつうじて歴史の歩みは第四の時代へと進んでいきます。もちろん、その歴史をあらゆる国の国民が同時に歩むわけではありませんが、自己を失うことで第三の時代を終えてしまった国民は、フィヒテがドイツ国民について主張したように、第四の時代へと移行せざるをえないのです。時代区分についてのフィヒテの体系に即して、この移行を検討してみましょう。

フィヒテはベルリンで講演していますから、国民の自己喪失を語るときにプロイセン国家を名指しするようなことはしていません。けれども彼の言葉の端々から、ドイツの諸領邦国家の態度を批判していることは——したがって、批判はプロイセンに対しても、というより、主としてプロイセンに対して向けられていることが——推測できます。それらの領邦国家は、ナポレオンと戦うオーストリアとロシアを支援しなかったのですから。

　フィヒテは国民に対して語りかけます。その国民とは、「ドイツ国民の神聖ローマ帝国」の崩壊後に残された者たちにほかなりません。それに属するのは、そののち一八七〇年から一八七一年にかけてドイツ帝国へと統合される諸国家の国民だけではありません。統合時に排除されることになるオーストリアの国民も、その一員です。フィヒテはプロイセン人に向けて講演をおこなった人物である、とのちに解釈されるようになりましたが、そんなことはありません。まして、プロイセン人によってつくり出されたドイツ帝国に向けて講演した人物などではないのです。しかも、かつてフランス革命についての公衆の判断を正そうとしたこともあるフィヒテですから、その革命において国民という言葉がもっている意味は、よく承知していました。フランス革命でとなえられたのは、もはや「国王万歳」ではなくて、「国民万歳」だったのですから。主権者として承認されたのは、国民であって、国王ではなかったのです。フィヒテは身分のちがいなど問題にしないので、語りかける相手は市民であり、臣民ではありません。

　こうして彼は「ただドイツ人であるかぎりでのドイツ人のために、ただドイツ人であるかぎりでのドイツ人から」[3]語るのであり、そのドイツ人がどの国家に属しているかは問いません。どんな相違も眼中におかずに語りかけるのです。とはいえ彼がまず訴えかける相手は、次のような者たちです。すなわち、自分たちの置かれている状況を見据えようとしており、しかも、フィヒテがほかの講演でも〈自分で考える〉ようくりかえし呼びかけていることの趣旨をしっかり見極めようとしている者たちです。「フィヒテ（中略）をつうじての（中略）講演」という、この本のとびらに記されている独特な表現も、そのことと関係しています。この文言は、この本の編集責任者であるラオトによれば「きわめて重要な意味をもつ」ものです。けれども、ラオトがそれにつづけて言っていることは、つまり、この表現によってフィヒテは「ドイツ人たちの代弁者」を自認していたのだという主張は、疑わしいものです(4)。知の理論が要求していることをすべて考慮にいれるならば、ある人間をつうじて語りうるのは、唯一、理性だけです。そして理性は、人間であるかぎりの人間に、その人間がどの国民の一員であるかにかかわりなく、等しく与えられているのです。ところで理性はフィヒテにとって、彼がカントをはじめて読んだとき以来、なによりもまず実践理性です。その実践理性を利己的なドイツ人たちが尊重しなかったことは、誰の目にも明らかです。そういうドイツ人の代弁者になりたいなどとフィヒテが思うはずがありません。彼が訴えかけるのは、むしろ「ドイツ国民の全体のうちの教養層(5)」であり、教養ある者であるがゆえに彼とともに自立的に反省を遂行しようとしている人たちです。それ以外の人たちは、フィヒテが第九講演以降で述べるところによれば、まず自立的な思考とそれにふさわしい行動へと教育されなくてはならないのです。

この国民は今では、ナポレオンの支配下にあるのですから、もう以前の国民ではありえません。ドイツ国民は、いまふうの言いかたをするなら、あらたに「虚構〔＝フィクションとして構築〕」されなくてはならないのです。利己心はみずからを滅ぼし、それとともに、利己心に特有の接着剤〔＝結合手段〕であるような恐怖や希望も滅びました。そういう恐怖や希望が訴求力をもつのは、人間の感性的な本性に対してだけです。こうして、本質上個々の自己・自我を基盤とする接着剤は、人間の感性的な本性に根ざすことがもはやできなくなっています。それにかわる選択肢は、道徳的な是認です。道徳的な意識が利己心に取ってかわらなくてはなりません。このことに成功するのは、ただ次の場合だけです。すなわち、堅固な性格をもつ道徳的人物、つまり信頼するに足る道徳的人物——カントの言葉を用いるなら、道徳的格率〔格率とは、行動するにあたっての自分なりのルールのこと〕を自分のものとしている人格——が教育をつうじて育成される場合だけです。そのような教育は、今後は国民教育となる必要があります。この国民教育は「国民をまったく新しい生活と人生に導く。そしてその新しい生は、当の国民だけが独占する所有物でありつづけるか、あるいは、その国民からほかの国々の国民へとひろがっていく場合でも、その新しい生は、無限に分かちもたれながら全体のまま少しの欠損もこうむらないでいるか、のいずれかである」(6)。この教育は、ドイツ人に固有の教育というのではなく、実践理性を受け入れるための教育です。そして、実践理性を受け入れる教育とは、最終的には人間というもの〔人類とも訳せる〕全体の教育になるはずのものなのです。ドイツ人の置かれている状況をフィヒテは、次のようにみています。すなわち、その利己心が不条理な状況へと導いたのである以上、ドイツ人は、第四の時代へ進みゆく最初の国民となるチャンスをもっているのだ、と。このチャンスを摑みとることなく、その民族が野蛮へと深く退行してしまったこと、それをフィヒテは知る由もありません。

第二講演。新しい教育一般の本質について――。教育は確固とした意志をかたちづくるべきであり、確固とした意志とは、その時々によってよいことをしたりしなかったりと揺れ動くようなものではありません。したがってこういう自由な意志は、恣意とは異なります。この意味でフィヒテは、自分が提案する教育について、それは「〔恣意としての〕意志の自由を根こそぎにする」(7)と語ります。意志は目的を設定します。目的設定は、自発性にもとづく活動の最初の遂行にほかなりません。子どもたちは、みずから目的を設定するということに向けて背中を押されなくてはなりません。同時に、目的設定は、規則に即した設定でもあります。規則に即した目的設定を尊重することを子どもは学び、その学びをつうじて認識能力を形成していきます。自発性にもとづくこのような活動を後押しすることが、新しい教育の第一段階をなします。ところで自発的活動に際して規則を把握することは、道徳的思考を準備することになります。道徳的思考が具体的に経験できるものとなるのは、子どもたちが共同体のなかで生活することをつうじて、協力して活動することと道徳的な規則とが大切であることを経験するときです。

第三講演。新しい教育についての叙述の続き――。新しい教育の目標は、よいことへの確固とした愛をはぐくむことにあります。自発性にもとづく活動としての認識によって私たちは、感情を超えた次元にある宗教へと高められます。宗教はこの世の生を不完全なものとみなしますが、それでも、よいことを大切にしつづけるので、宗教は「私たちには知られていないいっそう高次の法則への服従(8)」であり、不如意や不首尾に耐えることも心のそうした服従によって容易になるのです。

第四講演。ドイツ人とそれ以外のゲルマン系諸民族との主要な相違点――。ドイツ国民の自己形成能力は、フィヒテによれば、他のどの国民よりも優れています。連綿として自分たちの言語を話しつづけ発達させつづけてきたのは、ゲルマン人のなかでドイツ人だけである、とフィヒテは言います。言語はまず感覚的な言語から出発します。その後でようやく言語は、精神的なことがらを感覚的言語の単語で表示するようになります。そういう単語の例としては、begreifen〔=手で握る、概念的に把握する〕や einsehen〔=覗き込む、洞察する〕をあげることができます。他方、こうした表現が外国語から導入されると、理解のための土台が、つまり感覚的な像が欠けてしまいます。この場合には、語りは死んだものとなってしまいます。ドイツ語は純粋に保たれている、とフィヒテは言うのです。

第五講演。前述の相違点からの帰結——。人間が言語を形成する以上に、言語は人間を形成します。純粋に保たれている言語は、精神を形成するうえで有益です。哲学にとってはなおさらのことです。哲学ということでフィヒテがとくに念頭に置いているのは、おそらく知の理論でしょう。精神の形成は、とりわけそれが太古の根源的な言語での思考である場合、それ自体が精神的な生となります。したがって精神の形成は、古代世界のさまざまな像を新しい世界へ媒介し伝達することもできるのです。

注意が必要なのは、言語理論はフィヒテ自身の教説からしても、言語とその歴史とについての経験に依拠しており、それゆえア・ポステリオリな学問であるということです。ところでこれが意味しているのは、言語理論は真でない場合がありうるということです。さて、ちょうどフィヒテが生きていた時代にようやくドイツ語についての学問、つまりドイツ語学が生まれつつありました。そのためフィヒテは、自分の言語理論が誤りであるということを知らないでいました。誤り、と言うのは、ラテン語がドイツ語にたいへん大きな影響を及ぼしているからです。つまり、ドイツ語の純粋性についてフィヒテがここで論じていることは真ではないのです。それがじっさいは誤りであるということを彼は知ることができないでいたわけですが、それが誤りであるという可能性があるということは知っていてもよかったはずです。ここでフィヒテは、彼の知の理論が許容する範囲を超えて不注意な議論を展開してしまっているのです。

第六講演。歴史におけるドイツ的根本特徴についての記述――。「ドイツ民族の世界的事業(9)」はフィヒテにとって宗教改革です。宗教改革が取り組んだのは魂の救済であり、つまりは精神的なことがらです。フィヒテは宗教改革を、宗教にそなわる外面的形式からの解放、つまり権威にもとづく信仰からの解放とみなしています。なぜなら宗教改革は、神に対するそれぞれの人間の個人としての関係を教会の権威よりも上に置いたからです。こうしてここから、『現代という時代の根本特徴』で説明されている歴史の、その第三の時期が始まります。宗教改革を「世界的事業」とフィヒテが呼ぶのはこのためです。宗教改革がドイツ民族のうちにひろまるのは、それがこの民族の太古の根源的言語を語るからです。宗教と知恵は、権威のうちにではなく、人格それ自身のうちに見いだされなくてはなりません。それだからこそ、哲学はドイツで発達するのです。フィヒテが知の理論で見据えている完成へと哲学を方向づけるのは、ライプニッツとカントです。

注意を要するのは、『現代という時代の根本特徴』でフィヒテは、五つの時代(=時期)という概念をア・プリオリに展開する一方で、歴史の時間的経過のうちにその五つの時代をじっさいに配置するに際しては、その作業がもとづく洞察を経験的なものとみなしているということです。したがってここでは、フィヒテをとおして理性が語っているのではなく、経験的な人物としてのフィヒテその人が語っているのであり、そういう人物はア・プリオリな洞察として自説を打ち出してはならないはずなのです。

自由な国民として、とフィヒテはさらに説きます。自由な国民としてドイツ国民が数百年まえから、その市民階級のありかたをつうじて示してきたのは、ヨーロッパで唯一ドイツ国民だけが共和制的な社会体制を担うことができるということである、と。共和制的な社会体制ということでフィヒテが念頭に置いているのは、おそらく民主主義体制ということでしょう。言外の意味は明らかです。フランスは自由な国家形態をすぐにナポレオンという専制君主に譲り渡してしまった、と言いたいのです。こうして、自由へむけての首尾一貫した教育の推進はドイツの肩にかかっているのだということになります。

第七講演。ある民族が根源性と〈ドイツ的であること〉とをそなえていることについてのいっそう深い把握――。太古の根源的言語の力によって、根源的民族のうちに精神的活動を、ひいては真の哲学を見いだすことができ、この哲学は神的生を、すなわち、〈ここに現にある〉における存在《ある》を、つまり『現代という時代の根本特徴』が主張しているような存在《ある》を、概念的に把握します。こういう生を概念的に把握することがその生を実現するための前提をなすのですから、自由な国家を樹立できるという可能性もいまや確保されたことになります。このことが含意しているのは、その民族が自由を、したがって活動を信じているということ、つまり、自由と活動がなんであるかを知っているということであり、あわせて、完成に向かう能力をも信じている、つまり神が〈ここに現にいる（＝ある）〉ことについての像を自分たちが絶え間なく形成しつづけていくということをも信じているということです。自由についてのこの知は、一なる真なるものについての知、よいものについての知、理性的であるものについての知、みずからによって存在しているものについての知、つまり神それ自身についての知、として理解されます。この一なる真なるものは現象のうちに姿を現わし、そしてこの現象によって生きられるのです。こうしたことが起きなければ、空虚な現象、つまり liberum arbitrium、すなわち恣意だけが現われでてきます。真の生にいたるには、教育される必要があります。この真の生が〈ドイツ的であること〉だ、とフィヒテは言います。〈ドイツ的であること〉とは、つまりは、理性的であることであり、そして理性にもとづいて考えたり行為したりする者は誰であれ、どこの出身であれ、みな〈ドイツ的であること〉に参与しているのだ、と。こうしてフィヒテは、どんなナショナリズムをもはるかに超えでていくのです。「精神性とその精神性の自由とを信じて、精神性を欲し、そしてこの精神性が自由をつうじて永遠に形成されるつづけることを欲するものは、生まれた場所がどこであろうと、どんな言葉をしゃべっていようと、私たちの同族であり、私たちの一員であり、私たちのもとに参集することになる。停滞や後退を、あるいは循環論法の堂々巡りを信じていたり、さらには、世界支配の座に死せる自然を据えたりするような者は、生まれた場所がどこであっても、またどんな言葉をしゃべっていても、非ドイツ的であり、私たちにとってよそ者であるのだから、できるだけ早く私たちのもとから完全に遠ざかってくれることが望ましい[10]」。フィヒテには今日までくりかえし何度もナショナリズムがなすりつけられてきたので、誤解の余地のないこうした文章はそのまま丸ごと引用しておく必要があります。精神の自由が生物学的出自によって置き換えられるとき、著者であるフィヒテの主張がどのようにねじ曲げられることになるか、わかっていただけるはずです。

第八講演。民族であるとは、この言葉のいっそう高い意味においてなんであるのか、また郷土愛とは――。〈ドイツ的であること〉が、すぐ右での引用にみられるように、自由と精神性にいたろうとする努力であるならば、問われるのは、人間はこの努力の目標をどのようにして実現できるのかということです。この点で、個人に課せられる要求はとてつもなく大きなものとなります。なぜなら道徳的な行為は、長い年月にわたってずっとつづけていかなくてはならないものだからです。その行為に駆り立てる愛は、永遠を望みます。永遠というものは、死すべき者たちにとって、個人としては不可能であり、ただ民族においてのみ可能です。なぜなら、民族はひとつの全体として生きつづけるからです。こうして、道徳的行為がこの世で効果をもちつづけることに対する信念は、民族が永遠に存続することに対する希望にもとづいていることになります。したがって民族には、地上での永遠性が与えられなくてはなりません。その際に人間を突き動かす愛は、つまり自由と精神性への愛は、国家を超えでています。なぜなら国家が担うのは、市民的な安寧と秩序にすぎないからです。国家は、「純粋に人間的であるものを（中略）育成するといういっそう高次の目的のための[11]」手段でしかありません。フィヒテの誤った考えによるなら、ドイツ語は根源的言語です。そういう言語をもつゆえにドイツ民族は、根源的民族、つまり自由を必要とする民族であり、自由をつうじてより高い生へと発達してゆくのです。自由の守り手であり、また文化の担い手であるのですから、民族は国家以上のものです。国家の定める法〔＝権利〕は、自由の法として、つまり自由で道徳的な生へと向かう自由のための法として解釈される場合にのみ、正当なものとみなすことができます。道徳的な生は個人という枠を超えでるものであるので、道徳性がそこにおいて個人を超えて存続する民族という基盤が、道徳性とともに愛されることとなります。民族の真の存在、そしてまた国家の真の存在は精神的で道徳的な生なのです。ただし、それにいたるには教育が必要なのです。

第九講演。現実のなかに見いだされるどの点に、ドイツ人に対する新しい国民教育は依拠すべきか――。フィヒテはこの連続講演を、ドイツ国民は自己を失ってしまっているという確認から始めていました。「ドイツ人の自立性を救う[12]」ことのできる唯一の手段は教育であることが、いまや示されることになります。フィヒテはペスタロッチを導き手とします。なぜなら、ペスタロッチの教育方法は子どもたちの自由な精神活動を後押しし、概念を教えるにあたって抽象的にではなく、感覚や直観との結びつきを重視するからです。そのために必要な時間は許容されなくてはなりません。したがって、「教育はできるだけ素早く仕上げて、子どもを労働へ復帰させるのがよい、といった偏狭な願望が息を吹き返す[13]」ようなことがあってはならないのです。生活費を確保するという圧力が家庭では教育目的を実現するうえで妨げになったり、あるいはそれを阻んだりすることさえあるので、フィヒテは家庭教育よりも寄宿舎での学校教育を支持しています。

第十講演。ドイツ的な国民教育についてのいっそう詳しい規定に向けて――。認識への関心を目覚めさせるためには、認識されるべきことがらへの愛がどうしても必要です。認識されるべきことがらとは、人間にとってはさしあたり他の人間です。だからこそ人間には、自己保存に向かう衝迫だけではなく、敬意に向かう衝迫も同様にそなわっているのです。人間は、まだよちよち歩きのころから、敬意を払われることを求め、また敬意を払いあうことで互いに結びつくことを求めます。敬意が払われるのは、自立した個人に対してです。自立した個人は、思慮分別をそなえた人間です。したがって希望と恐怖による教育、つまり、いわゆるアメとムチによる教育は、実を結びません。正しいこと、よいことがそれ自体として大きなよろこびとなるように人を導くような教育だけが、実を結ぶのです。教育は、労働とともに労働をつうじておこなわれるべきです。それは、他の人間たちの負担にならずに自分の足で立つことのできる自立的な人間が育成されるためです。教育は共同体での労働をつうじて共同体のためにおこなわれるべきであり、そうした教育によってエゴイズムの根が絶たれるべきなのです。国民教育から知識人の教育が生まれてきます。

知識人はその役割を果たすために精神の自立性を必要とし、また思索のために精神のやすらぎを必要とします。彼らの使命は、「人類を（中略）さらに先へと導く」[14]ことにあります。国民という言葉がここでは用いられていないことに注意を促しておきます。

第十一講演。この教育計画の遂行は誰にゆだねられることになるのか――。従来、教育はほぼ両親や教会にゆだねられてきました。今後は国家がこの課題を担うべきです。ただし国家がそれを果たさない場合は、民間人がその課題を引き受けることになります。

第十二講演。私たちの主要目的を達成するまで私たちを支えてくれる手段について――。これまで述べられてきたことが実現して、教育によって人間が自由と道徳性に導き入れられる日が来るとしても、教育が実を結ぶまでにはまだ何年もかかるにちがいありません。しかも、そのためには、それにふさわしい教育者が教育にたずさわる必要があります。したがって大人自身がみずからを教育しなくてはなりませんし、また道徳にかかわる諸原則にしたがって生きなくてはならないのです。こうして、よく引用される文章がしるされることになります――私たちは「自分の性格というものを手に入れ（中略）なくてはならない。なぜなら、性格をもつということと、ドイツ人であるということが同じ意味であることは、疑いのないところだからである」[15]。この文章を正しく理解できるのは、「ドイツ人である」を血統と結びつけるのではなく、要求されている道徳性と結びつける場合だけです。だからこそフィヒテは、時代のさまざまな大事件について私たちはみずからよく考えてみなくてはならないのだと、それゆえ、その作業を支配の座にある者たちにゆだねてしまってはならないのだと、説くのです。それを実行するうえで、この一連の講演も役に立ちます。目指されているのは、「最高の純粋な（中略）道徳性」であり、それは「ここから他のあらゆる民族へとひろげられていく」。つまり、目指されているのは、「地上の感覚的な生物から（中略）純粋で高貴な精神へと人類をつくりかえること[16]」なのです。ドイツ国民に対してフィヒテはここで、彼らがそれを果たすことのできなかったことがいまでは明らかとなっている役割を期待したわけです。ただしこの役割を彼は――このことは留意する必要があります――生物学的な血統にではなく、道徳的な教育にもとづかせたのです。

第十三講演の概要。開始された考察の続き――。この回の講演の草稿は失われてしまったので、フィヒテはここで講演内容の概要だけを示しています。第十二講演が述べているように、教育を担うべきなのは国家です。国家の統一は、なによりも言語にその根拠をもっています。この言語がおのずと人びとを結びつけます。地理上の国境が生まれるのも、まずは言語によります。ヨーロッパの中央に位置していることで、ドイツは、植民地を獲得するための活動に、つまり「他の諸世界に対する略奪行為[17]」に直接加わることがむずかしい状態にある、とフィヒテは言います。他の諸世界が視野に入ってきたとき、「共通の獲物がぶら下げられ、誰もが同じようにそれを手に入れようとし、（中略）こうしてはじめて、秘められた敵意と戦争願望とを万人が万人に対していだく理由が存在することになった。こうしてまたはじめて、自分たちとは別の血筋と言語とをもつ民族を、征服によって（中略）あるいは同盟によって併合し、その諸力を横領することが民族にとっての利益となるようになったのである」[18]。他民族に対する征服と搾取に向けられた、これ以上明確な非難は、フィヒテにも書きようがなかったことでしょう。植民地獲得の活動と、公海の自由、および、奴隷制を助長する世界貿易とは、密接に関係しあっています。徐々にその姿を現わしつつある世界王国は、各地に固有のものを抑圧し、多様性を破壊するのです。

フィヒテがここで諸世界に対する略奪行為と征服を非難しているにもかかわらず、マンフレート・キューンはこう書いていますーー「フィヒテは（中略）征服戦争と他の諸民族に対する抑圧を正当化している」。他方、「よそ者」の同化は厳しく批判されるべきだ、と言っている[19]」。これに続けてキューンは、フィヒテからの先ほどの引用文にすぐつづく箇所を引用しています。その箇所でフィヒテが指摘しているのは、諸民族が自分たちの生活空間を、征服によって広げようとしている、あるいは征服によって自分たちにとって住みよいものにしようとしているということであり、諸民族が強奪行為に手を染めたり人間を奴隷にしたりすることがありうるということです。そしてその一方でフィヒテは、征服する側の国家の構成員に異民族がなるなどというのはあってはならないことだとみなしています。ただし、ライバル国家から獲物ーー文脈からして、植民地の意ーーを戦い取ることが目指されているときには事情は異なる、とフィヒテは言います。この場合には敗北した側の者たちを兵力として用いてよい、と。この引用にすぐ続けてキューンはこう主張します――「このような考え方が、「生存圏」という後のナチスの構想に影響を与えたという印象をぬぐうことはできない。それだけではない。こうした考えに触れるとどうしても、「東部総合計画」〔=ポーランド、ウクライナ、ベラルーシ、ロシアにまたがる東ヨーロッパの植民地化と「ゲルマン化」のためにナチス・ドイツによって策定され政治的・軍事的計画〕の先触れを耳にしているような気にさせられる」[20]。けれどもフィヒテのこの著作のどこにも、征服を正当化するような言葉は見当たりません。征服の正当化ということであればフィヒテは、その気になれば、さまざまな歴史的事例を引きあいに出すことができたことでしょう。フィヒテが示そうとしているのはむしろ、諸世界に対する略奪行為によってなにがヨーロッパに帰結するか、ということです。それはつまり、力の均衡という観念ですが、フィヒテの考えによれば、この観念がじっさいに効力を発揮したためしはありません。フィヒテのこの著作は、この点でまったく曲解されているのです。

　第十四講演。全体の締めくくり――。この最後の講演でフィヒテは、聴衆に対して強く呼びかけています。ジャン・パウルはこの講演について「デモステネスを彷彿とさせる」[21]と言っているほどです。法〔=権利〕と理性と真理にもとづく国というものへの信念を人類に対して高く掲げる人間は、いたるところにいます。ただし、フィヒテが語りかけるのはドイツ人に対してです。「人間の完成へ向かう萌芽が最も明白に存在しているのはドイツ人であり、その完成に近づいていく歩みを先導するのもドイツ人である」[22]とフィヒテは語ります。まさにこの箇所に『ドイツ国民に対する連続講演』の問題点があります。問題なのは、法と理性とにもとづく国をフィヒテが目指しているということではありません。問題どころか――私たちが体験しているように――このことは、私たちが人間的な生活を望むなら、ぜひとも必要なことです。他方、ドイツ国民が先導役を果たすというのは、ア・ポステリオリな言語理論に依拠しています。この理論は、ア・ポステリオリなものである以上、知の理論にしたがうならフィヒテはそれを反駁可能なものとみなさなくてはならなかったはずなのです。ア・ポステリオリな言語理論を基礎にして先導者の役割を主張するというのは、ほかならぬ知の理論の根本原則からして、まったく擁護できません。そのうえこの言語理論は無知に由来するものであり、誤りなのです。さらに、歴史上のさまざまな事件や人物と世界計画との対応づけは経験的なものでしかなく、これも『現代という時代の根本特徴』の洞察そのものからしてそう言わざるをえません。ここでフィヒテに対して――知の理論に対してではなく――、彼はドイツ国民に見当外れの役割を、つまり先導者の役割を指示していると非難するのは、正当なことです。この役割をドイツ人は一度たりとも担いませんでした。そうした役割についての言説は、取り返しのつかないようなやりかたで不当に利用されることが可能でしたし、またじっさいにそのように利用されました。それは、フィヒテの真の意図に反したことではあったのですが。フィヒテの意図に反していると言うのは、彼の考えによるなら、先導者の役割とは、人間というものに奉仕するはずのものであり、人びとを自由で理性的な生活へと導くはずのものだからです。

註

(1) GA I 10, VIII.
(2) GA I 10, 104; SW VII 264.
(3) GA I 10, 105; SW VII 266.
(4) GA I 10, XII.
(5) GA I 10, 105; SW VII 266.
(6) GA I 10, 112; SW VII 274.
(7) GA I 10, 118; SW VII 281.
(8) GA I 10, 134; SW VII 300.
(9) GA I 10, 171; SW VII 344.
(10) GA I 10, 195 f.; SW VII 375.
(11) GA I 10, 209; SW VII 392.
(12) GA I 10, 214; SW VII 398.
(13) GA I 10, 221; SW VII 405.
(14) GA I 10, 238; SW VII 426 f.
(15) GA I 10, 254 f.; SW VII 446.

(16) GA I 10, 264; SW VII 456 f.
(17) GA I 10, 268; SW VII 461.
(18) GA I 10, 268; SW VII 461.
(19) Kühn, *Fichte*, 509.
(20) Ebd.
(21) GA I 10, 59.
(22) GA I 10, 298; SW VII 498.

第十二章　『完全に満たされた生へ向けての助言、あるいは宗教論』

『完全に満たされた生へ向けての助言、あるいは宗教論』をフィヒテは一八〇六年の一月から三月にかけてベルリンで講義しています。同年の四月末にその講義は書物として出版されました。書物は十一章からなっています。フィヒテはこの書物を、一般人向けの自分の著述の「頂点、最も明るい光源[1]」と呼んでいます。じっさい、この著作でフィヒテは、とくに第三講義から第五講義にかけて、彼の後期の理論の核心部を、一般人向けの著述が許す範囲で論じています。本章での解釈も、この第三講義から第五講義までの箇所に焦点を合わせることにします。

フィヒテはまず、完全に満たされた生を真の生と規定します。この生は真理にもとづいて認識されなくてはならず、ここでたんなる意見は役に立ちません。次にフィヒテは、以前の知の理論に変更が加えられた一八〇四年の知の理論に関連づけてすでに私たちが概略を示した考えかたを展開します。一八〇四年の知の理論で導入した術語も引きつづき使用し、彼は存在《ある》と〈ここに現にある〉〔現存在と訳されることが多い〕とを区別して、〈ここに現にある〉を知ないし現象として概念的に把握します。存在《ある》は、条件づけられていない〈一つであるというありかた〉をしており、〈ここに現にある〉は、差異であり、条件づけられたありかたをしています。この区別は、表象ということに着目して次のように説明できます。私たちは壁を前にして「この壁はある」と言います。この言明において、「ある」は二通りに解釈できます。私たちが言明する「ある」は、壁の存在《ある》それ自身ではなくて、私たちの表象のうちに「ある」ということなのです。ところで表象のうちに「ある」のは、存在《ある》それ自身の像です。壁は表象のうちではここに現にあるのですが、しかしその壁は表象のうちにあるのではなく、みずからにおいてあるのです。壁は二通りの仕方であるわけです。つまり、一方でそれ自身としてあり、他方で知のうちにあるのです。これは矛盾ではありません。なぜなら、壁はみずからにおいてじっさいにあり、知のうちでは像としてあるからです。「ある」のこの二重性――みずからにおける存在《ある》と、像としての〈ここに現にある〉――は、像があるというただそのことだけからおのずと帰結することなのです。像において、つまり表象において、私たちは存在《ある》の二重化に直面するわけですが、この二重化は二重化であると同時に二重化ではないのです。像において私たちがもっているのはまさに像にほかならず、像をもっているとはつまり――フィヒテの術語を用いるなら――存在《ある》と〈ここに現にある〉をもっているということなのですから。別な言いかたをするなら、存在《ある》はその像において存在《ある》として、ここに現にあり、そしてほかならぬこの

「として」が、〈ここに現にある〉の特徴を的確に示しています。私たちはどんな知をも、存在《ある》が〈ここに現にある〉こととして理解しています。壁を、表象されている壁として理解しているのです。知は、この「として」によって、存在《ある》から区別されるわけです。

この構造に即してフィヒテは、以前に鋭く対置した存在《ある》と〈ここに現にある〉との関係を解き明かします。「直接的には、そして根本においては、存在《ある》が〈ここに現にある〉とは、存在《ある》についての意識、つまり存在《ある》についての表象にほかならない」[2]。存在《ある》においては純粋な〈一つであるというありかた〉だけを考えることができ、差異を考えることはできません。あれこれの関係にとって差異が本質的であることからしても、やはり差異を存在《ある》について考えることはできません。したがって、存在《ある》は絶対的なもの、つまり、いっさいの関係を超えているものです。こういう条件づけられていないものを日常語では神と言います。それは「自分自身による、自分自身からの、自分自身をつうじての存在《ある》」[3]です。ところで、「による」、「からの」、「つうじての」を伴ってここで用いられている再帰表現は、たしかに、存在《ある》がみずからを表現する唯一の可能性を示してみせているわけですが、しかしそれは、まさに再帰表現であるために、本来考えられるべきことを歪めてしまってもいるのです。ここでフィヒテにとって明らかになっているのは、言語によって可能なことの限界です。彼がくりかえし聴衆に向かって、みずから考えるようにと促すのは、すなわち、彼が聴衆に指示する思考の道筋を聴衆が自分自身で辿るようにと促すのは、そのためです。

この促しは、当時と変わらない切迫度で、今日の私たちにも向けられているのです。

差異は知のうちに、つまり、〈ここに現にある〉のうちに、すなわち、〈として〉のうちにあります。存在《ある》は純粋な〈一つであるというありかた〉をしているので、存在《ある》においては、知も、決定も、したがってまた創造への決断といったことも、それらがすべて差異をふくむものである以上、考えることができません。〈ここに現にある〉が原事実というありかたをしているのは、絶対的なものからの導出といったことは不可能だからです。というのは、〈ここに現にある〉の根拠への問いは根拠と帰結との差異を前提しているので、この問いを立てるのは〈ここに現にある〉の側からであって、存在《ある》の側からではないからです。存在《ある》の側から言えるのは、存在《ある》は事実上、〈ここに現にある〉を伴っているということだけです。こうした考えによってフィヒテは、〈私〉についての初期の洞察を保持しつづけています。存在《ある》から〈私〉は導出できず、〈私〉は自立的な〈私〉として事実上ここに現にいる〔=ある〕のです。

存在《ある》と〈ここに現にある〉とのほかに私たちが考えることのできるものはありません。したがって〈ここに現にある〉のうちに、すなわち知のうちに、存在《ある》は現にあるのです。存在《ある》のほかには、〈ここに現にある〉ことのできるようなものはなにもありません。ところで、〈ここに現にある〉があるとするなら、〈ここに現にある〉は存在《ある》それ自身に帰属している、というふうに考えるほかありません。差異は、知に、すなわち〈ここに現にある〉にそなわるものであり、〈として〉において成立しています。この〈として〉が洞察されるのは、知がみずからの本質をこの〈として〉としてとらえるとき、つまり知がみずからに関係するときにかぎられます。こうして〈ここに現にある〉は、すなわち知は、必然的に知それ自身についての知であり、つまりは自己意識なのです。「ここで次のことが（中略）明らかになっている。すなわち、存在《ある》が〈ここに現にある〉というのは、必然的に、それ（〈ここに現にある〉）自身の自己意識であらざるをえない、ということが(4)」。この自己意識が、存在《ある》についての知が可能であるための条件です。絶対的なものからは、いっさいの差異とともに、〈として〉も除外されているのです。

みずからの本質をとらえる自己意識は、反省にもとづいており、したがって媒介されています。自己意識がもっているのは、みずからについての像であるのです。像とはこの場合でも、他の場合と同様、客観［＝客体］であって、知の生き生きとした直接的な働きそれ自身ではありません。知の行ない、知の働きは、背後でたしかに作動しているのですが、意識されることはありません。そのためフィヒテは、その客観のことを死んでいると言う一方で、知の働きについてはそれを生き生きしていると言うのです。遂行中の活動をフィヒテは生として概念的に把握します。見据えられた対象においては、生の炎は消え去っています。このことはもちろん、生が客観として考えられる場合にも言えることです。その場合には、知られているものとなっているので、生は死んでいるのです。

そうであるなら存在《ある》は、死んでいる客観として考えられてはなりません。それは、純粋な現実性であり、活動であり、あるいは生でもあり、しかも直接的で一なる生なのです。それにひきかえ〈ここに現にある〉は主観と客観に区別できます。なによりもまず、〈ここに現にある〉は差異をふくんでいます。そして現象のうちで姿をあらわすものは、つねに客観であり、したがって死んでいるものです。あれこれの客観の総体は世界です。世界の形態は、区別の相における存在《ある》であり、その存在《ある》は活動を停止しており、客観的〔＝客体的〕であり、つまりは死んでいるのです。世界をさまざまな差異へと分解する——もちろんそれらの差異は、異なっているものどうしとして互いに関係づけられてもいるわけですが——のは概念ですから、そのかぎりにおいて概念が「世界創造者(5)」なのです。その場合、概念によって成立している世界はどこまでも無限に区分されていることになります。そのところで差異を生みだす区分とは、あるものを別のものから区分することにほかなりません。したがってそれは、あるものから別のものへ絶え間なく移行することを必要とします。一方のものは他方のものをつうじてのみ措定されます。私たちが「つうじて」ということを思考するなら、私たちは運動を、あるいはフィヒテの言いかたによれば「生」を思考することになります。生きているものは、移行するということそれ自身であり、あくまで背後にとどまっています。つまり、生きているものは、成果、対象ではありません。概念によって把握するということは、その本質上、あるものから別のものへの移り行きなのです。

真の生は、つまり、存在《ある》すなわち神は、現象のうちで姿をあらわしますが、そのことは直接的にではなく、現象それ自身には隠された働きとして生じます。しかし徹底的な思考ならその働きへと行きつくことができます。そういう思考は、世界の背後、つまり概念の背後にあるものにまで問いをさしむけるのであり、知の理論がおこなっているのはまさにそのことにほかなりません。徹底した思考は真理を洞察するので、その思考はみずからを絶対的なものそれ自身の活動として概念的に把握します。なぜなら絶対的なものは、一なるものとして、端的に真であるからです。〈ここに現にある〉のこの活動は存在《ある》それ自身であり、したがってその活動には超越と内在の区別はありません。

存在《ある》の活動は、条件づけられたものではない以上、活動それ自身のためになされます。その活動を意識が情動として表象するならば、その活動を意識は愛として概念的に把握することになります。存在《ある》は〈ここに現にある〉において現象することになるのですから、存在《ある》の活動も同様に〈ここに現にある〉において現象することになり、そして存在《ある》は「ほかならぬこの原像」[6]を愛します。この原像が愛されるのは、愛の像としてではなく、愛それ自身としてです。愛は、愛それ自身の現象なので、〈ここに現にある〉における愛それ自身なのです。人を駆りたてる動因として概念的に把握されていたのはイェーナ時代には努力と衝迫でしたが、ここではそれが愛になっています。愛は「どんな理性よりも高く、しかも理性の源泉は愛にほかならず、また実在性の根も愛であり、愛が生の唯一の創造者である」(7)のです。この考えによってフィヒテは、「真の思弁の(中略)最高の実在的見地を、つまり私たちがそれを目指していままで登りつづけてきたその見地を、ついに明確に言いあらわした」(8)ことになります。

愛は一つですが、しかし客観的世界と同様に、意識においてはさまざまな姿をとります。客観的世界についての概念は二重の仕方でものごとを差異化します。それは一方で、すでに言及したように、差異化を無限に推し進めます。そのことによって世界は、どこまでも探究することのできる無限の領野となります。同じく根源的なもう一方の差異化、あるいはフィヒテの言いかただと、分割は、五つの立脚点ないし観点を区別します。この五つの観点は、精神的生の発展の五つの段階に、そしてまた、フィヒテがその歴史哲学でも念頭に置いているような愛の五段階に対応しています。前者の分割は、世界を無限に差異化しつづけます。つまり、客観一般を無限に差異化するのです。後者の分割は、客観へ向かう観点の五つの可能性を差異化します。その場合に問われているのは、どのような立脚点から、無限性に開かれた世界が見つめられるのかということであり、さらに言えば、そこにおいて実在性が眼差され、その眼差しに即したやりかたで愛されるその世界が見つめられるのかということです。この問いに対する回答は、第一に感性〔=感覚〕において、第二に法則〔=法〕の形式において、第三に法則の内容において、第四に宗教において、そして第五に知の理論において、世界は見つめられる、となります。

第一の観点は客観〔＝客体〕を真の存在として受けとります。客観はそこにあるではないか、というわけです。しかしそれは消えゆくものでもあり、したがって存在《ある》ではけっしてなく、生成なのです。理性はここでは理性本能としてしかはたらきません。実践つまり愛は、ここでは感覚器官によってとらえられるものに、すなわち享受へと向かいます。真の実在性はここでは感覚的な世界なのです。

第二の観点はすでに秩序と法則を知っています。とりわけ、理性をもつものどうしの秩序と法則を。ここでは真の実在性は法則であり、自由であることや人間であることではありません。ほかの場合と同様、世界を見つめる観点の場合も、下位の観点は上位の観点に服することになります。人は善に反して行動できるといった仮象が登場してくるのは、この第二の観点においてだけです。私が従うことも従わないこともできるような法則として善が現象するのは、ここにおいてのみなのです。

第三の観点は、第二の観点と同じように、秩序と法則を知っていますが、しかしいまやそれを、ひたすら秩序づけるだけの法則としてではなく、創造する法則として知っているのです。さきの第二の観点では、対立しあう諸力が静止状態にもたらされるのは、法則の形式が支配することによってです。この第三の観点においては、支配するのは、目指されている内容であり、それはつまり善いもの、美しいもの、聖なるものであって、これらは創りだされることを求めています。この観点では、絶対的であるものが現象すべきなのです。活動と愛が目指すのはそのことにほかなりません。実在性はここでは善いもの、美しいもの、聖なるものなのです。

第四の観点は、宗教の観点です。善いことをおこなうということは、ここでは人間の行ない、つまり現象の行ないとみなされるのではなく、絶対的なものそれ自身の行ないとみなされます。この宗教的な立脚点は、神の本質を概念としてとらえるようなことはしません。なぜなら概念はまったく空虚なものでありうるから、すなわち内容を欠いた概念、幻影にかかわる概念としてもありうるからです。内容は、神であるもののうちにしか、つまり、善をおこなうということのうちにしかありえません。〈神であるということ〉の生が実在性なのです。神とは、「神に身をゆだね、神によって精神が高揚している者がおこなうことにほかならない」(9)。神は活動のただなかにある存在《ある》なので、神は行為のうちにあるのです。

第五の観点は、知の理論の観点です。この観点は、それに先行する四つの観点にとっては事実的であるにすぎないさまざまな連関を洞察し、その連関を学問的に反省します。したがって第五の観点とそれ以前の観点との違いは、内容にあるのではなく、形式のうちにあります。宗教の立脚点は信じることであり、知の理論の立脚点は見ることです。この二つの観点はともに、考察的〔＝観照的〕な態度をとります。第四の観点では自分の行ないが、第三の観点の場合とちがって自分のものとしてではなく、神のものとして考察され、第五の観点ではこの考察的な態度が純化されるにいたります。神的生が第五の観点では真の実在性となり、意識が取るに足りないものであることが洞察されるのです。生に生そのものを保証し、その生を導くのは、この観点なのです。

フィヒテはこの一連の講義の中ほどで、つまり第六講義で、論述をいったん中断します。そうするのは、知の理論が依拠するいくつかの根本想定は、正しく理解されたキリスト教においてすでに述べられている、ということを示すためです。この正しく理解されたキリスト教とは、彼にとってヨハネのキリスト教であり、恣意的な神を伝えるパウロのキリスト教ではありません。キリスト教についてのフィヒテの解釈が準拠するのは、継承されてきた記録でも伝統でもありません。要するに、知の理論によっていま完全な明晰さとともに彫琢《ちょうたく》された教説は、ずっと以前から知られている教え、唯一それだけが真である教えにほかならないというのです。フィヒテは歴史にかかわる知識に重きを置きません。なぜ重きを置かないのかというと、真理は彼にとって〈一つであるというありかた〉をしており、したがって真理はいつでもすでに——たとえ反省によってその本質が理解されていないにしても——意識のうちに現にあるからだ、というふうに理解してよいでしょう。古来の永遠の真理が、知の理論によってようやく明確に述べられるにいたったということなのです。

フィヒテのこうした主張を——たとえば皮肉っぽい態度で——無視することもできます。その場合には、フィヒテの主張についてなにか有意味なことを語りうるためにはどうしても必要な検証作業がなされないことになります。ここで忘れてならないのは、自分の考えを表明するときに私たちは聴き手あるいは読み手に対して、それを真であるとして受けとめるよう求めている、ということです。したがってフィヒテに対し彼の主張について異論を唱えようと思う者は、それを真理にかけておこなうつもりがあるときにかぎってそうしてよいことになります。こうして、フィヒテの主張を反駁できるためには、反駁するという自分のその行ないについて、それが真理にかなっているとみずから主張しなくてはなりません。もちろん主張は主張であって、それが真であるかどうかはすぐにはわかりません。とはいえフィヒテが、彼の考えをともに吟味し検証することを聴衆や読者にくりかえし促しつづけたという、このことは見過ごされてはなりません。

註

（1）GA I 9, 47; SW V 399.
（2）GA I 9, 86; SW V 440.
（3）GA I 9, 85; SW V 439.
（4）GA I 9, 88; SW V 442.
（5）GA I 9, 97; SW V 454.
（6）GA I 9, 134; SW V 498.

(7) GA I 9, 167; SW V 541 f.
(8) GA I 9, 168; SW V 542.
(9) GA I 9, 111; SW V 472.

第十三章　受容と影響の歴史

『完全に満たされた生へ向けての助言』をフィヒテは、すでに述べたように、一般人向けのいくつかの講義の頂点をなすものとみなしていました。頂点をなすその講義とともに、本書での私たちの叙述も終わりを迎えます。最後に、彼の生涯とその後のことについて、最小限のことを述べておこうと思います。『ドイツ国民に対する連続講演』が出版されたあとで、フィヒテだけではなく、彼の家族全員が病気になり、しかもその状態がかなり長くつづきました。ベルリン大学を設立するという計画は、そのあいだにも進捗《しんちょく》し、新しい大学は一八一〇年の秋に開校できる運びとなっていました。回復にいたったフィヒテは哲学の教授に招聘され、哲学部の学部長にも任命されました。一八一一年には学長に選出されます。ある貧しいユダヤ人学生を不当に取り扱う評議会決定があり、それを実行したくなかったため、彼は学長職を退きました。政府は辞職を受理し、その事案についてはフィヒテの言い分が正しいと認めました。その後フィヒテは、講義をつうじての教育活動に専念します。彼は、聴講者を知の理論に導き入れるための講義をおこない、ひきつづいて知の理論そのものについての講義や、さらに法哲学の講義と倫理学の講義もおこないました。教師としてのこうした活動はロシアに対するナポレオンの軍事行動によって、一八一三年から一八一四年にかけて中断を余儀なくされました。一八一四年の一月にフィヒテは病いに冒され、その月の二十九日に亡くなります。たいへん立派な葬儀が営まれました。

フィヒテの教授ポストは一八一八年になって補充されました。後任はヘーゲルで、彼は一八三一年に亡くなるまでベルリンで教えました。彼には――フィヒテとちがって――学派を形成する時間があり、そのヘーゲル学派は彼の死後ただちに、ヘーゲルの著作と講義録とからなる全集を、いわゆる『ベルリン版ヘーゲル全集』を編集し出版しました。フィヒテの知の理論は、後期のものはまったく出版されていなかったので、その初期のものだけが知られていたわけですが、それはヘーゲルの目には自分の哲学の前段階にとどまるものとしか映りませんでした。フィヒテの『遺稿集』が、ヘーゲルの没後まもなく、一八三四年から一八三五年にかけて出版され、また一八四五年から一八四六年にかけては『全集』〔小フィヒテ版あるいはSW版と呼ばれている〕も出版されましたが、ヘーゲル哲学に向かう一段階にすぎないという受け取りかたが変更されることはありませんでした。すでに乗り越えられた人、とフィヒテはみなされていたのです。『ドイツ国民に対する連続講演』は人びとの記憶に残っていましたが、彼の著作全体を踏まえたうえで理解されることはもうありませんでした。フィヒテの死後に起こった王政復古も、彼のこの著作に不利にはたらきました。『ドイツ国民に対する連続講演』の民主主義的な傾向は同意を拒まれ、さらには著作自体が発禁処分にもあいました。そのため、フィヒテの名を世の人びとが耳にすることは、もうほとんどなくなってしまったのです。

フィヒテの生誕一〇〇周年が一八六二年に、また没後五〇周年が一八六四年にめぐってきたときには、世間がそのことに注目しました。ただし、取り組みがなされたのはほとんど『ドイツ国民に対する連続講演』だけでした。小ドイツ主義に立つ帝国、つまりプロイセンがぐんぐんと力をつけつつある時代状況によって、この著作はプロイセンのナショナリズムに沿う線で理解され、動員されたのです。つづく数十年間も、事情はかわりませんでした。フィヒテについての包括的な解説書は、長いあいだヨハン・ハインリヒ・レーヴェのものしかありませんでした(1)。哲学史の本がフィヒテを無視したわけではかならずしもありません。それでも、知の理論は二十世紀初頭までほとんど忘れ去られていました。

新カント派のあとで、ドイツ観念論がふたたび注目されるようになりました。一九〇九年から一九一一年にかけてはフリッツ・メディクスによって編纂された『六巻本フィヒテ選集』が出版されましたが、これはほぼ『全集』と『遺稿集』に依拠しています。この選集の出版によっても、フィヒテ哲学との徹底した取り組みがなされることはありませんでした。なによりも、彼の講義草稿、とりわけ知の理論のための講義草稿については遺稿の整理がまだついていませんでした。そのため後期のフィヒテは、十分な議論の対象となりえなかったのです。

フィヒテの受容にとって壊滅的な結果をもたらしたのは、ナショナリズムが彼を横領したことです。というのは、プロイセンのやり口を、のちにナチスが踏襲したからです。『ドイツ国民に対する連続講演』ほど何度も復刻されたフィヒテの著作はドイツでほかにありません。道徳教育への促しや世界市民的な特徴は見すごされ、また、この連続講演が属するそもそもの文脈全体は無視されました。これは疑いようもない事実です。にもかかわらず、ナチスによるフィヒテの横領は、今日まで影響を及ぼしつづけており、フィヒテを疑わしい存在にしてしまっているのです。

フィヒテが成し遂げた本来の仕事、つまり知の理論については、なにも知られていないに等しい状況が長いあいだつづいていました。ただフランスでは、一九二二年から一九二七年にかけて記念碑的な著作が、すなわちグザヴィエ・レオンによる三巻本の『フィヒテとその時代』が出版されています。第二次世界大戦のあとでようやくフィヒテとの取り組みが――当初はためらいがちに――始まります。しかも、ついに知の理論との取り組みが。(2)二人の若手のドイツ人哲学者、ヴォルフガング・ヤンケとラインハルト・ラオトが本格的にフィヒテを研究し、その成果をひろめました。そればかりかラオトは、『J・G・フィヒテ全集』〔アカデミー版あるいはGA版と呼ばれている〕の編集・出版に筋道をつけることに成功しました。当時、戦争によって被った損失を教訓として、文化遺産である未公刊資料がまったく失われてしまう前にそれをきちんと編集して後世に残そうという気運が高まっていて、そのことがフィヒテ全集刊行の事業にとって有利にはたらいたのです。一九六二年にこの全集版の第一巻が出版されました。ラオトは、ほぼその完結にいたるまでこの事業を主宰することができました。彼が亡くなったのは二〇〇七年で、最終巻が出版されたのは二〇一二年でした。この全集版の最大の功績は、遺稿の公刊、とりわけ知の理論についての後期の叙述を公刊したことにあります。この全集によってフィヒテが注目されるようになりました。誰よりもまず、先ほど名前をあげた二人の研究者によって、また徐々に二人の弟子たちや、フィヒテに関心をもつようになったそれ以外の人びとも増えてくることによって、ドイツ語圏のフィヒテ研究は大きく花開きました。しかもドイツ語圏にとどまらないで、地球のいたるところでフィヒテ研究は盛んになりました。アメリカやアジアにもそれは広まったのです。最終的に、そうした研究活動は国際フィヒテ協会を結成するにいたりました。協会はほどなく学術雑誌を、すなわち『フィヒテ研究』を刊行しはじめ、それとならんで一連の『別巻』も出版し、さらにさまざまな規模の研究会や学術大会を開催しています。知の理論の内容を知るための努力は積み重ねられつつあり、そのうえでなされる知の理論との批判的取り組みも盛んになりつつあります。

そうした取り組みに向かう道筋をつけることが、本書の主な目的です。そのため、本書で私は、知の理論についてのじゅうぶんな理解を提供することに努めました。知の理論とのどのような取り組みも、知の理論についての理解が前提となります。いくつかの箇所では、議論の争点となりそうなことがらを指摘しておきました。そうした議論の実質化に寄与することができれば、著者としてうれしく思います。

註

（1） *Die Philosophie Fichte's nach dem Gesammtergebnisse ihrer Entwickelung und in ihrem Verhältnisse zu Kant und Spinoza*〔＝『フィヒテ哲学の全体像とカント、スピノザに対するその関係』〕, Stuttgart 1862.

（2） 巻末の主要文献目録をご覧ください。

引用について

フィヒテからの引用は、R・ラオトその他の編集による『J・G・フィヒテ全集』（シュトゥットガルト、一九六二年出版開始、全四十二巻）――GAと略記――に依拠しています。シリーズ（第一シリーズは著作、第二シリーズは遺稿、第三シリーズは書簡、第四シリーズは講義聴講者による筆記ノート）はローマ数字で示され、そのあとにアラビア数字で巻数、コンマを挟んで頁数がつづきます。この全集のほかに、I・H・フィヒテの編集による『フィヒテ全集』（ベルリン、一八四五年出版開始、全八巻）――SWと略記――もまだ一般に使用されているので、可能な場合は、GA版全集からの引用箇所を示したあとにSW版全集からの引用箇所も示しておきます。この場合には、ローマ数字は巻数を、それにつづくアラビア数字は頁数をあらわしています。SWIX-XIという略記は、慣例に従って、I・H・フィヒテ編集による『遺稿集』（ボン、一八三四年出版開始）からの引用であることを示しています。

カントからの引用は、慣例となっている略記を用いておこない、プロイセン学術アカデミー編集による『全集』（ベルリン、一九〇〇年出版開始）に依拠しています。

引用文中で強調されている箇所には傍点をほどこしてあります。

主要文献目録

関心をお持ちのかたは、以下の主要文献目録によって、知の理論とのいっそう深い取り組みが可能となります。まず、フィヒテの全集と著作集、それにフィヒテと同時代の文書が示され、次に、著者それぞれの視点から知の理論への導入を試みている一連の入門書、それにつづけて、フィヒテの著作に精通するための手引きとなるいくつかの註釈書、さらに、知の理論のさまざまな側面を明らかにしてくれる数冊の研究書があげられています。最後に、フィヒテの生涯やその哲学上の業績についてしるした本が紹介されています。どの二次文献を読む場合でも、フィヒテの全作品を手にできるようになったのは『J・G・フィヒテ全集』が二〇一二年に完結してからであるということを念頭に置く必要があります。

フィヒテの著作

『J・G・フィヒテ全集』（GA版）と『フィヒテ全集』（SW版）は、「引用について」ですでにあげてあります。フィヒテの重要な著作の単行本は、書店等で入手可能であり、その多くには解説が付されています。

フィヒテの著作集としては、次の二巻本のものが注釈付きで出ています。

Johann Gottlieb Fichte: Schriften zur Wissenschaftslehre, hg. v. Wilhelm G. Jacobs, Frankfurt/M. 1997.

Johann Gottlieb Fichte: Schriften zur Angewandten Philosophie, hg. v. Peter Lothar Oesterreich, Frankfurt/M. 1997.

フィヒテについての情報は、次の二巻本に集められています。

J. G. Fichte im Gespräch: Berichte der Zeitgenossen, 7 Bde., hg. v. Erich Fuchs, Stuttgart-Bad Cannstatt 1978 ff.

フィヒテの著作の受容については、次の本に記録されています。

J. G. Fichte in zeitgenössischen Rezensionen, hg. v. Erich Fuchs, Wilhelm G. Jacobs, Walter Schieche, 4 Bde., Stuttgart-Bad Cannstatt 1995.

フィヒテについての文献は、次の二つの文献目録に記載されています。

Hans Michael Baumgartner, Wilhelm G. Jacobs, *J. G. Fichte-Bibliographie*, Stuttgart-Bad Cannstatt 1968.

Sabine Doyé, *J. G. Fichte-Bibliographie*, Amsterdam u. a. 1990.

フィヒテについてのそれ以降の文献は、一九九〇年以来アムステルダムで出版されている『フィヒテ研究』にしるされています。『フィヒテ研究』は各巻、テーマに即して編集されており、読みごたえがあります。書評欄で、新刊書についての紹介がなされています。

入門書

Helmut Seidel, *Johann Gottlieb Fichte zur Einführung*, Hamburg 1997.

Peter Rohs, *Johann Gottlieb Fichte*, München 1991.

Peter Lothar Oesterreich, Hartmut Traub, *Der ganze Fichte: Die populäre, wissenschaftliche und metaphilosophische Erschließung der Welt*, Stuttgart 2006.

Karsten Schröder-Amtrup, *J. G. Fichte. Leben und Lehre: Ein Beitrag zur Aktualisierung seines Denkens und Glaubens*, Berlin 2012.

Günter Zöller, *Fichte lesen*, Stuttgart-Bad Cannstatt 2013. 中川明才訳『フィヒテを読む』（晃洋書房、二〇一四年）

註釈書

Wissenschaftslehre 1804. Wahrheits- und Vernunftlehre. I.–XV. Vortrag, Einleitung und Kommentar v. Wolfgang Janke, Frankfurt/M. 1966.

Joachim Widmann, *Die Grundstruktur des Transzendentalen Wissens nach Joh. Gottl. Fichtes Wissenschaftslehre 1804*^{2}, Hamburg 1977.

Jürgen Stolzenberg, »Fichtes Satz ›Ich bin‹«, in: *Fichte-Studien* 6 (1994), S. 1–34.

Wolfgang Janke, *Johann Gottlieb Fichtes »Wissenschaftslehre 1805«: Methodisch-systematischer und philosophiegeschichtlicher Kommentar*, Darmstadt 1999.

Johann Gottlieb Fichte, Grundlage des Naturrechts, hg. v. Jean-Christophe Merle, Berlin 2001.

Wolfgang Class, Alois K. Soller, *Kommentar zu Fichtes Grundlage der gesamten Wissenschaftslehre*, Amsterdam / New York 2004.

Matteo Vincenzo d'Alfonso, *Vom Wissen zur Weisheit: Fichtes Wissenschaftslehre 1811*, Amsterdam / New York 2005.

Rainer Schäfer, *Johann Gottlieb Fichtes »Grundlage der gesamten Wissenschaftslehre« von 1794*, Darmstadt 2006.

研究書

Reinhard Lauth, *Zur Idee der Transzendentalphilosophie*, München, Salzburg 1965.

Erneuerung der Transzendentalphilosophie im Anschluß an Kant und Fichte, hg. v. Albert Mues und Klaus Hammacher, Stuttgart-Bad Cannstatt 1979.

Der transzendentale Gedanke: Die gegenwärtige Darstellung der Philosophie Fichtes, hg. v. Klaus Hammacher, Hamburg 1981.

Transzendentalphilosophie als System: Die Auseinandersetzung zwischen 1794 und 1806, hg. v. Albert Mues, Hamburg 1989.

Reinhard Lauth, *Transzendentale Entwicklungslinien von Descartes bis zu Marx und Dostojewski*, Hamburg 1989.

Reinhard Lauth, *Vernünftige Durchdringung der Wirklichkeit: Fichte und sein Umkreis*, München 1994.

Fichtes Wissenschaftslehre 1794. Philosophische Resonanzen, hg. v. Wolfram Hogrebe, Frankfurt/M. 1995.

Sein — Reflexion — Freiheit: Aspekte der Philosophie Johann Gottlieb Fichtes, hg. v. Christoph Asmuth, Amsterdam 1997.

Fichtes Entlassung: Der Atheismusstreit vor 200 Jahren, hg. v. Klaus-Michael Kodalle,

Würzburg 1999.
Der transzendentalphilosophische Zugang zur Wirklichkeit: Beiträge aus der aktuellen Fichte-Forschung, hg. v. Erich Fuchs, Marco Ivaldo, Giovanni Moretto, Stuttgart-Bad Cannstatt 2001.
Fichte und die Aufklärung, hg. v. Claudia de Pascale, Hildesheim 2004.
Fichtes praktische Philosophie: Eine systematische Einführung, hg. v. Hans Georg von Manz, Hildesheim 2006.

フィヒテの生涯や哲学上の業績全体を扱っている本

Dieter Henrich, *Fichtes ursprüngliche Einsicht*, Frankfurt/M. 1967. 座小田豊・小松恵一訳『フィヒテの根源的洞察』（法政大学出版局、一九八六年）
Wolfgang Janke, *Fichte: Sein und Reflexion – Grundlagen der kritischen Vernunft*, Berlin 1970. 隈元忠敬・高橋和義・阿部典子訳『フィヒテ　存在と反省——批判的理性の基礎』（上下巻、哲書房、一九九二年、一九九四年）
Peter Baumanns, *J. G. Fichte: Kritische Gesamtdarstellung seiner Philosophie*, Freiburg / München 1990.
Wolfgang Janke, *Vom Bilde des Absoluten: Grundzüge der Phänomenologie Fichtes*,

Berlin 1993.

評伝

Johann Gottlieb Fichte's Leben und literarischer Briefwechsel, 2 Bde., hg. v. Immanuel Hermann Fichte, Sulzbach 1830 f. (2. Aufl. 1862).
Fritz Medicus, *Fichtes Leben*, Leipzig 1914, 2. Aufl. 1922.
Wilhelm G. Jacobs, *Johann Gottlieb Fichte: Eine Biographie*, Berlin 2012.
Manfred Kühn, *Johann Gottlieb Fichte: Ein deutscher Philosoph*, München 2012.

年譜

一七六二年五月十九日　フィヒテがラメナウに生まれる。
一七七三年頃　マイセンの私立学校。
一七七四―八〇年　シュールプフォルタ〔もともとは地名だが、そこにある学院名としても用いられる〕で学ぶ。
一七八〇―八五年　イェーナ大学、ライプツィヒ大学、ヴィッテンベルク大学で学ぶ。
一七八五―九二年　家庭教師。
一七九〇年　チューリッヒ出身のヨハンネ・ラーンと婚約。
一七九〇年　カントの著作、とりわけ『実践理性批判』を読む。
一七九一年　カントを訪問。
一七九二年　『あらゆる啓示を批判する試み』が出版され、フィヒテの名が知られるようになる。
一七九三年　ヨハンネ・ラーンと結婚。
一七九四―九九年　イェーナ大学の教授。
一七九四／九五年　『知の理論全体の基礎』。
一七九五年　イェーナ大学の学生団体との確執。

一七九六年　息子であるイマヌエル・ヘルマンの誕生。
一七九八年・一七九九年　無神論論争。フィヒテは大学を解雇され、ベルリンに向かう。
一八〇〇年　家族でベルリンに引っ越す。
一八〇四年　フィヒテはベルリンで三回にわたって知の理論を講義する。
一八〇五年　エアランゲン大学に招聘される。そこでの講義は夏だけ。秋からはベルリンに戻る。
一八〇六年　『現代という時代の根本特徴』、『学者の本質と、自由の領域におけるその現象について』、『完全に満たされた生へ向けての助言、あるいは宗教論』が出版される。
十月　ケーニヒスベルクへの避難。
一八〇七年　ケーニヒスベルクで教授となるが、コペンハーゲンまでさらに避難し、そののちベルリンに戻る。
一八〇八年　『ドイツ国民に対する連続講演』が出版される。夏から病いに伏す。
一八一〇年　ベルリン大学の創設。フィヒテはその教授および学部長になる。
一八一一年　学長に選出される。
一八一二年　学長職を辞する。
一八一四年一月二十九日　死没。

訳者あとがき

原著と原著者について

　本訳書の底本は、ドイツのズーアカンプ社から二〇一四年に出版された Wilhelm G. Jacobs, *Johann Gottlieb Fichte: Eine Einführung* です。原著者ヤコプスの「まえがき」にもあるように、この本は、二〇一二年の夏学期にミュンヘン大学でおこなわれた講義がもとになっています。たまたまその時期に私は、一年間の特別研究休暇でミュンヘンに滞在していました。教授の演習への参加を許可していただいた私は、ついでにフィヒテ哲学への入門講義のほうにも顔を出してみることにしました。

　じつは、それまで私は、フィヒテの哲学にまともに取り組んでみたことがありませんでした。敬遠していたのです。フィヒテの先行者であるカントは、哲学の営みに対して、これより先に行ってはいけないという限界を設定しました。カントが苦心して引いたその境界線を踏み破って「主観的な観念論」を独断的に展開した哲学者、というありがちなフィヒテ像に、私はずっと呪縛されていたのです。このイメージがいかにお粗末なものであるかを、私は、ヤコプスの講義を聴くことでよくよく思い知らされることになります。

ヤコプスは、一九三五年生まれで、フィヒテとシェリングを中心に、いわゆる「ドイツ観念論」についての堅実な研究を一貫してつづけてきた人物です。国際シェリング協会やドイツ・ポーランド哲学会の会長もつとめました。研究論文の数は一二〇本を超え、また、フィヒテ、シェリングの著作や著作集の編集にも携わってきました。著作としては、次のものがあります。

Trieb als sittliches Phänomen: Eine Untersuchung zur Grundlegung der Philosophie nach Kant und Fichte, Bonn 1967.
J.G. Fichte-Bibliographie, Stuttgart-Bad Cannstatt 1968.
Johann Gottlieb Fichte in Selbstzeugnissen und Bilddokumenten, Reinbek 1984.
Zwischen Revolution und Orthodoxie? Schelling und seine Freunde im Stift und an der Universität Tübingen. Texte und Untersuchungen, Stuttgart-Bad Cannstatt 1989.
Gottesbegriff und Geschichtsphilosophie in der Sicht Schellings, Stuttgart-Bad Cannstatt 1993.
Schelling lesen, Stuttgart-Bad Cannstatt 2004.
Johann Gottlieb Fichte: Eine Biographie, Berlin 2012.
Johann Gottlieb Fichte: Eine Einführung, Berlin 2014.（本訳書）

ヤコプスによれば、フィヒテの哲学は、さまざまな予断や誤解、さらには曲解にさらされつづけてきました。フィヒテの哲学は、いまだにその真価や現代性がじゅうぶんに知られているとは言えないようなのです。ヤコプスは、長年の研究と教育をつうじて、なにがフィヒテ理解の躓きの石となるかを熟知しており、その知見と洞察が本書の構成や叙述に生かされています。

しかも本書は、二〇一二年に完結したばかりの、決定版ともいうべきフィヒテ全集、すなわち、バイエルン・アカデミーによる『J・G・フィヒテ全集』に依拠しており、フィヒテ哲学の全体像を過不足なく精確に説き明かしてくれています。

その内容を紹介するのは、入門講義のための入門となってしまい、蛇足以外のなにものでもありません。とはいえ、翻訳にかかわることがらについては、訳者として最小限のことを述べておきたいと思います。

本訳書の翻訳方針

今回、翻訳にあたっては、文意ができるだけ明確に伝わるように、原文を可能なかぎり嚙み砕いて訳すようにしました。しかも、重要な単語については、それらが文脈において内包する語義をあえて明示するような訳文にしました。

たとえば、哲学書のたいていの翻訳では、「自己規定」とだけ訳される語句を、本訳書では、「自分が自分のありかたを定めること、自分がなにをするかを自分で定めること、つまり自己規定」とか「自己規定という原事実（中略）、つまり人はみずからのありかたや行動をみずから決定するという事実」とかいうふうに訳した箇所があります。あるいは、「経験一般の根拠」は、「経験一般の根拠（中略）、つまり、経験が経験であるかぎりどの経験にとってもその根拠であるもの」と、初出の際には訳しています。同様に初出の場合は、「感覚的世界」とふつうは訳されるだけの言葉を、「感覚的」という日本語は多義的であるので、「感覚的世界、つまり、感覚器官によってとらえられる世界」と訳しました。ほかにも、必要に応じてこのような訳しかたをした語句があります。

哲学の翻訳語に慣れている人にとっては煩わしいと感じられるかもしれませんが、そうでない人にとっては、こうしたちょっとした補足が内容の理解を深めるうえで役に立つと考えたからです。

そのため本訳書では、フィヒテの著作の題名も、いくつか、従来のものとはちがった訳になっています。主なものをしるすと、『全知識学の基礎』、『ドイツ国民に告ぐ』は、それぞれ、『知の理論全体の基礎』、『ドイツ国民に対する連続講演』と訳しました。また、一八〇六年に出版された宗教論は、『完全に満たされた生へ向けての助言、あるいは宗教論』と訳してあります。

「知識学」よりは「知の理論」

従来「知識学」と訳されていたWissenschaftslehreというドイツ語を「知の理論」と訳しかえることについては、その理由を述べておく必要があるでしょう。このドイツ語は、Wissenschaftという単語とLehreという単語から成り立っています。Lehreは、独独辞典を引くと、「ある哲学やある宗教の基盤をなす諸原理」とか「ある学問領域における知や理論」とかいった語義がしるされています。本訳書では「理論」と訳すことにしました。問題は、Wissenschaftという単語のほうです。これは単独では、「学問」や「学」と訳されることが多い言葉です。ただし、ヤコプスは、フィヒテが生きていた時代にはこのWissenschaftという単語がWissenと同じ意味でも用いられていたことに、そしてWissenschaftslehreという言葉におけるWissenschaftはこの意味で受け取るべきであることに注意を促しています。じっさいフィヒテ自身も、Wissenschaftslehreをdas Wissen vom Wissen（Wissenについての Wissen）と呼ぶ場合があります。

では、Wissenとはどのような意味をもち、この言葉をフィヒテはどのように使っているのでしょうか。この名詞に対応する動詞から考えてみましょう。動詞wissenは、「知っている」という意味をもっています。意味の基本は、「知っている」であって、「知る」ではないことにも留意してください。独独辞典の語義説明の一部を引くなら、「自分の経験によって、あるいは他からの伝聞によって、なにかについての、もしくは誰かについての知識をもっている」（傍点は引用者）というのが、wissen の通常の意味なのです。

「知っている」とは、なにかを知っているということです。〈なにかを知っている〉ということの事態は、二つの要素あるいは側面からなっています。一つは、〈知っている〉ということそれ自身です。もう一つは、〈知っている〉というこの作用によって〈知られているもの〉、つまり、知られている内容です。「知識」という日本語によって私たちがふつうに思い浮かべるのは、〈知られているもの〉、つまり知の対象のほうではないでしょうか。ところが、フィヒテが Wissenschaftslehre で焦点をあてているのは、むしろ、〈知っている〉という作用のほうなのです。

知っているという作用をフィヒテは、意識の「働き（Akt）」、「活動（Tätigkeit）」、「行為（Handeln）」、「行ない（Handlung, Tun）」と呼びます。これは、〈知られているもの〉、つまりその意味での「知識」とは異なります。

フィヒテが Wissen という名詞を用いるときに主として念頭に置いているのは、こうした作用・働き・活動・行為です。この点から言うと、フィヒテが用いる Wissen という名詞は、多くの場合、wissen という動詞の名詞化として理解してよいと思われます。英語でいえば、to 不定詞の名詞的用法ということになります。そのため、Wissen を訳すにあたっては、「知っているということ」や「知っているという作用」という言葉をできるだけ用いるようにしました。ただし、こういう訳語をあてるのが日本語として収まりがわるかったり冗長であったりする場合には、あるいは、〈知られているもの〉をもこの語が包括的に意味していると思われる場合には、「知」といういささか生硬な訳語を使っています。

Wissenschaftという単語のほうは、単独で用いられるときには、「知」、「知識」、「学問」、「知識や学問」などと文脈に応じて訳しわけています。思考することの躍動性を重視するフィヒテは「重要な言葉さえ、固定的には使わないほうがよい」と考えていた、というヤコプスの指摘(「まえがき」)に、この語の処理にあたっても従いました。

知の理論とはなにか

学問においてであれ日常生活においてであれ、ともかく私たちがなにかを知っていると言えるためにはなにが必要なのか、という問いを中心に「知の理論」は展開されています。つまり、知が可能であるための必要条件を探究するのが知の理論の課題なのです。

知の可能条件の探究というこの課題を果たすための方法は、捨象(＝度外視)と抽象(＝抽出)という表裏一体の精神活動を軸とする哲学的反省です。これによって析出される諸条件は、フィヒテによれば、ア・プリオリなものです。つまり、意識が意識それ自身に向かう哲学的反省において「見いだされる」諸条件は、感覚器官にもとづく直接経験や伝聞による間接経験によってはじめて知ることとでも、教育を受けることによってはじめて学び知ることとでもなく、じつは精神がもともと暗黙のうちに知っていたことなのです。知の理論が私たちに促しているのは、みずから思考することによってそうした潜在知を顕在的な自覚にもたらすことです。精神のそうした働きを、ヤコプスは、プラトンのいうアナムネーシス（想起）になぞらえています。

フィヒテによれば、知が可能であるための必要条件のうちで、第一の根本原理の位置をしめるのは、〈（なにかを）知っているということを知っている〉という作用です。厳密に言うなら、〈知が知自身を活動のただなかで知っているということを、知についてのその知は知っている〉という作用です。これを第一の根本原理と呼ぶ理由は、「あらゆる知にこれが伴っていて、あらゆる知にこれが含まれていて、そしてあらゆる知がこれを前提している」（『知の理論の概念について』）ということにあります。

ここで誤解してならないのは、これは第一の条件ではあっても唯一の条件ではなく、必要条件ではあっても十分条件ではない、ということです。このことを理解していないと、〈あらゆる知識を自我が産出するとフィヒテは主張している〉といった安易な解釈に足をすくわれてしまうことになります。

「自己意識」は自意識ではない

この根本原理をフィヒテは「自己意識」とも呼びます。〈意識が意識それ自身を意識している際のその意識〉が、この場合の自己意識なのです。したがって、フィヒテの場合、「自己意識」ということの言葉が意味するのは、〈他者とはちがうこの私が、個人としてのこの自分という人間についてもっている意識〉ということでありません。知の根本原理としての自己意識をフィヒテは、一人ひとりの個別的な私（ich）の自己意識（＝自意識）と区別して、〈私〉（Ich）と呼びます。ほとんどの翻訳書で「自我」と訳されているのは、このIchです。

自己意識の場合には、知っているという作用としてのSubjekt（＝主観、主体、主語）は、知られているものとしてのObjekt（＝客観、客体、目的語）でもあります。というよりも、ここでは両者の差異・区別ということが無効となっています。自己意識においては、SubjektとObjektは同じ一つのことがらであり、〈一つであるというありかた〉をしているのです。

ところで、意識のこの作用は、作用が帰属する実体的なものとしてのSubjektと混同されてはなりません。フィヒテの場合、条件関係においては、思考の作用が思考の実体に先行します。実体としての私が考える、というのではなく、思考作用としての〈私〉がみずからを実体として思考する、と言うべきなのです。

〈一つである〉、〈同じである〉――言語の限界

さて、〈一つであるありかた〉という訳語のドイツ語の原語はEinheitです。「統一」と訳されることが多いEinheitという単語を、本訳書では、「〈一つであるというありかた〉、あるいは、そういうありかたをしているもの、という意味での統一」と訳したり、「統一、つまり、〈一つであるというありかた〉を可能にしている作用」と訳したりもしました。煩雑な感じを与えるかもしれないこういう翻訳を思い切っておこなった理由は、三つあります。第一に、フィヒテの考えを理解するためには、作用（＝活動、働き）と、実体的なものと、ものや作用のありかた（＝ありよう、ありさま）との区別をゆるがせにしてはならないのですが、Einheitというドイツ語はそのどれをも文脈に応じて意味することができるからです。第二に、「という意味での統一」や「統一、つまり」という語句を添えたのは、ここでの原語がEinheitであるという情報を専門家筋に与えるためです。第三に、「統一」とだけ訳しては、フィヒテの知の理論の根幹にかかわることがらについて読者に誤解を与えかねないと考えたからです。

最後の点について少し説明します。

「統一」という日本語は、複数の別々のものを一つにまとめるという作用、あるいは、そのまとまり、あるいは、そのまとまっている様子（＝ありかた）を、通常は意味していま す。この場合、統一という概念は、区別や差異を前提としていることになります。これは、

原語のEinheitも同様です。しかし、あらゆる知の第一の根本条件を主題化している次元でフィヒテがEinheitという言葉で名指そうとしているのは、区別や差異についての知あるいは意識がそもそも可能であるための条件をなすことがらです。意識している〈意識の作用〉と意識されている〈意識の作用〉とが同じ一つのことがらであると述べられるとき、この同一性は、フィヒテによれば、あらゆる差異を超えたところにある、差異なき同一性なのです。

とはいえ、〈一つである〉と言っても、〈同じである〉と言っても、これらの言葉は、なにかがなにかと〈一つである〉、〈同じである〉という意味を含みもっています。いま論じている自己意識、つまり〈私〉について用いられる場合でも、これらの表現は〈私〉を、Subjektとしての〈私〉とObjektとしての〈私〉という二項の関係として暗に語ってしまっています。哲学的な反省において洞察されていることがらを言いあらわそうとすると、このようにしか表現できないのです。

ここにヤコプスは、言語にまつわる根本的な困難、言語の限界を見ます。言語は、私たちが意識している内容、つまり意識の対象についての語りを枠づけるものであるので、意識それ自身が可能であるための条件をなすことがらについて語るのには適していないのです。意識あるいは知について洞察されていることがらを述べようと思っても、言語によってそれを的確に表現することはできず、言語にはそれを指し示すことしかできない、ということになります。ただし、逆から言えば、言語によってフィヒテは私たちをそれへと差し向けることはできるわけです。フィヒテの指示に従ってじっさいに哲学的思考を遂行するかどうかは、各人に、つまり各人の自由にゆだねられています。みずからそれを遂行することによってしか、フィヒテが伝えようとしている洞察にいたることはできないのです。

概念による把握の限界と「絶対的なもの」

言語の限界とは、この場合、ものごとを「概念によって把握する（begreifen）」ことの限界、つまり思考の限界ということでもあります。なぜなら、概念による把握とは、ものごとを区別したうえで関係づけるという作用にほかならないからです。

思考が思考の条件を問い究めていく作業をおしすすめることによって、フィヒテは、概念による把握それ自身の限界点に到達します。つまり、概念的把握が遂行できることとできないこととを、概念的に把握するにいたるのです。限界つまり境界線には、そのこちら側とその向こう側とがあります。概念的把握がみずからの限界を概念的に把握するのであるならば、概念的把握は同時に、その彼方を、つまり原理上概念的に把握できないものを、〈原理上概念的に把握できないことがら〉としては概念的に把握していることになります。この〈原理上概念的に把握できないことがら〉として主題化されるのは、前期の知の理論では〈私〉ですが、後期の知の理論では「絶対的なもの」、つまり通常「神」と呼ばれているもの、いうことになります。

「絶対的なもの」の原語は das Absolute です、これは、「絶対者」と訳されることの多い言葉で、いかにも「観念論」的な響きだと感じて眉をひそめる人もいるでしょう。しかし、absolut という形容詞は、〈ほかのものから切り離された、解き放たれた〉を原義とするラテン語の absolutus を語源としており、その意味は、〈いっさいの関係を超えている〉ということ、したがって、〈限界づけられていない〉、〈自分以外のものによって条件づけられていない〉ということ以上でも以下でもないのです。

存在《ある》と〈ここに現にある〉

この「絶対的なもの」をフィヒテは、Sein とも呼びます。この語は、哲学の分野では一般に「存在」と訳されます。ここで念頭に置いておく必要があるのは、日本語だと「〜がある」と「〜である」というふうに区別できる「ある」の異なる意味が、ドイツ語では sein という動詞（英語の be 動詞に相当）のうちに共在している、ということです。その動詞が名詞化されたものとして Sein を受けとるなら、Sein は〈〜があるということ〉と〈〜であるということ〉とをその意味としてともに含みこんでいることになります。「存在」という日本語訳は、前者の〈〜がある〉の〈ある〉だけを、ドイツ語でいうなら Existenz だけを思い浮かべさせがちなので、そうではないということに注意を促すために本訳書では、「存在《ある》」という表記にしました。また、「絶対的なもの」をSeinと呼ぶとき、フィヒテは、あらゆる有限なものの「根拠」である活動・働きを念頭に置いています。つまり、Seinは〈存在しているもの〉(=有限なもの)でも、〈存在というもの〉(=活動・働きと区別される意味での実体的なもの)でもないのです。「存在《ある》」という表記を用いるにあたっては、この点も考慮にいれました。

さてフィヒテはこの文脈で、〈私〉、知、意識、人間というもの(Menschheit)をDaseinと呼びます。そして、Daseinは、Seinの「現象」、「表出」、「顕現」、「像」である、とフィヒテは言うのです。Daseinという言葉は、哲学の分野では、「現存在」とか「定在」とか訳されるのが一般的です。この日本語も、哲学の翻訳語に馴染んでいない人にとってはわかりづらいものです。

このDaseinというドイツ語は、動詞的表現としては、たとえば電話でのやりとりでよく用いられます。職場に電話がかかってきて、「鈴木さんはいますか」と尋ねられた場合、いるのならば、ドイツ語では《Er ist da.》と答えるのです。「います」ということですが、くどく訳せば、「彼(Er)は、ここに現に(da)います(ist)」ということになります。英語のisに相当するistの原形(=不定形)と副詞のdaとを合成して名詞化するなら、Daseinという表現になります。フィヒテが用いるDaseinという言葉も、こういう日常表現の延長線上で理解してとくに不都合はありません。したがってDaseinは、〈ここに現にあるということ〉や〈ここに現にあるというありかた〉や〈ここに現にあるもの〉といった意味で受けとることができます。ただし、動詞との連続性を強調するためにSeinを「存在《ある》」と表記したのにあわせて、また、煩雑になるのを避けて、本訳書ではDaseinをすべて「〈ここに現にある〉」とだけ訳しています。

ヤコプスは、フィヒテの前期の知の理論にかんする周到な解説に加えて、その前期の知の理論から後期の知の理論への展開と、後期の知の理論の思索内容とについても、その核心部を的確に要約してくれています。この後期の知の理論がシェリングにもヘーゲルにも知られていなかったという事実は、心に留めておく必要があります。シェリングやヘーゲルがフィヒテの知の理論を「主観的観念論」と呼び、それを克服したのが自分の哲学なのだと主張するときに彼らの念頭にあったのは、『知の理論全体の基礎』で叙述されている前期の知の理論だけでした。とはいえ、まず問われなければならないのは、そもそもこの前期の知の理論を彼らが正しく理解していたのかどうか、ということなのです

像——超越でも内在でもなく

右で「像」と訳したドイツ語の原語Bildは、英語ではimageであり、ラテン語ではimagoとなります。このドイツ語は、日常生活では、写真や絵を指す言葉です。フィヒテ哲学の術語としては、「形像」、「形象」、「映像」、「形姿」、「姿」などとも訳されますが、

本訳書では「像」という訳語を用いました。限界づけられているもの（＝有限なもの）と限界づけられていないもの（＝絶対的なもの、無限なもの）との関係――あくまで、有限なものの側からみた場合の関係ですが――をフィヒテは、〈絶対的なものは、像において現にあり、しかも「それがそれ自身においてあるとおりに」ある〉ととらえています。

フィヒテのこの考えは、〈内在と超越〉という概念枠組みによる両者の把握とは種類を異にする思索の可能性を提示してくれています。というのは、像（A）と、その像が写しだしている原物（B）とは、一方で、まさに像と原物という関係において区別されているので、BはAのうちにAと同じものとしてあるわけではありません。しかし他方で、BはAにおいてそのあるがままの姿で現にあるので、Bは、Aを超えてAの外部にあるというわけでもないのです。つまり、有限なもの（＝人間）と絶対的なもの（＝神）との関係を「像」という概念を軸にして究明するフィヒテの思索においては、神は人間に内在するものであるとも、神は人間を超越するものであるとも、言い切れないことになります。本文でのヤコプスの表現を用いるなら、「存在《ある》はその像において存在《ある》として、ここに現にある」のです。内在か超越か、という枠組みそれ自体が相対化されているとみてよいでしょう。

「措定する」という訳語について

ところで、フィヒテは「措定する」という言葉を多用します。原語は setzen です。

「定立する」と訳されることも多い言葉であり、英語訳だと一般にpositという単語があてられています。日常語としてのsetzenは、英語だとput、ラテン語だとponereに相当し、「置く」が基本の意味となります。ヤコプスの説明によれば、この言葉をフィヒテは知の理論においては、「〜を意識のうちへとらえる」、「〜を意識のうちにもつ」、「〜を意識している」という意味で用いています。だとすれば、「〜を意識のうちに置く」と訳してもよいのですが、「置く」だと、これに対応する名詞の訳語の選定に困るので、ここは伝統的な訳語を踏襲して、動詞は「措定する」、名詞は「措定」としました。

これとの関連でひとつ留意しておく必要があるのは、ここでの〈〜を意識している〉ということが、フィヒテの場合には、〈〜をじっさいに現に経験している〉ということを必ずしも意味していない、ということです。私はふだんの生活で、道路を行き交う自動車を意識していたり、歯の痛みを意識していたりします。しかし、〈私〉を、私はそういうふうに経験の事実として現に意識しているわけではありません。なぜなら、〈私〉つまり自己意識は、こうした日常の意識を可能にしている条件なので、それによって可能となっている日常の意識のうちに現われでてくることはないからです。哲学的な反省の次元において、つまり哲学的な捨象・抽象の作業を遂行することで、対象についての意識に伴っている自己意識が対象意識から分離され、自己意識として析出されるのです。このようにして自己意識が析出されることは、フィヒテにとって、自己意識が〈意識のうちへととらえられる〉ことにほかなりません。つまり、日常の意識を可能にする条件も、哲学的な反省において洞察され、その意味においては、その反省の次元で〈意識されている〉のです。

右のことを頭のなかに入れておくと、「知的直観（＝知性による直観）」についての、とりわけこの言葉がもつ二義性についてのヤコプスの説明も、理解しやすくなるかと思います。

『ドイツ国民に告ぐ』よりは『ドイツ国民に対する連続講演』

さて、『ドイツ国民に告ぐ』と従来訳されてきたフィヒテの著作名についても、簡単に述べておきます。この著作を本訳書では『ドイツ国民に対する連続講演』と訳しています。「ドイツ国民に告ぐ」という日本語は、それ自体として、ナショナリズムに訴えかけるかのような語調をそなえています。じっさい、ドイツでも日本でも、ナショナリズムを高揚させるという意図のもとで政治権力がこの本を利用しようとした歴史があります。

しかし、ヤコプスは、国粋主義やナチスの「国民社会主義」と通底するものであるかのようにこの本を理解するのは、誤解あるいは曲解であると主張しています。自由と理性の宣揚こそがフィヒテ哲学の中核をなし、国粋主義や民族主義ではなく世界市民主義がフィヒテ哲学の基調をなす、というのがヤコプスのフィヒテ理解なのです。自由、理性、世界市民主義をフィヒテがどう考えていたかは、本文でのヤコプスの説明にゆずることにします。いずれにしても、この著作名の原文は Reden an die deutsche Nation ですから、そのままふつうに訳せば『ドイツ国民に対する連続講演』となります。

フィヒテ哲学の現代性

さて、冒頭で、フィヒテ哲学の「現代性」という言葉を用いました。この言葉によって私が思い浮かべていたのは、次の二つのことがらです。

第一は、フィヒテが取り扱った一連のテーマや問題が、また、その取り扱いかたが、現代の哲学的営為にとっても、また現代に生きる者にとっても、依然として意義をもちつづけている、ということです。第二は、フィヒテが取り扱った一連のテーマとその取り扱いかたには、現代に特徴的な哲学的動向に即応し、その展開に寄与する洞察が含まれている、ということです。

第一の点について述べると、たとえば、言語あるいは概念の意義とその限界についてのフィヒテの思索から私たちは、現代の言語分析哲学と、意識に立脚するヨーロッパの近代哲学との関係について、あるいは、アドルノの非同一性の哲学について、あらためて考察を深めることができるように思われます。

また、〈他者による促しによってはじめて経験的自我が成立しうる〉というフィヒテの見解に接することで私たちは、レヴィナスの他者論とフィヒテのいわゆる「自我哲学」との異同について考えてみる必要があることに気づかされます。

さらに、「独断論」に対するフィヒテの批判は、還元論的自然主義に対する、たとえばマルクス・ガブリエルによる批判の基盤をなすとともに、「超越論的観念論」という立場としてはガブリエルよりも徹底した内容をそなえているように思われます。超越論的観念論の立場とは、本文でのヤコプスの文章に即して言うなら、〈事物は意識においてのみ知られており、意識を抜きにしては、その事物がそれ自体でなんであろうとも、その事物について語ることはできない〉という立場です。

第二の点について述べると、たとえば、現代の「心の哲学」、あるいは認知科学や人工知能研究においても、フィヒテ哲学は貢献できる可能性があるようです。本訳書の共訳者であるグリューネベルク自身、フィヒテの「知の理論」を主題とした博士論文を仕上げたあとで、数年来、ロボット工学の研究室にも所属し、人工知能にかかわる研究にも従事しています。彼によれば、自我の本性を探究するうえで、また、知性・知能の認知モデルを構築するうえで、フィヒテ哲学は右のような研究分野でも重要な示唆を与えてくれるとのことです。

さて、凡例に準じたことをしるしておきます。原文でイタリック体によって強調されている箇所には、傍点を付しました。原著での［ ］は、（ ）にしてあります。〔 〕は訳者による補足説明、あるいは、原語の挿入です。〈 〉は、訳文を読みやすくするために訳者が補いました。原文のコロンとダッシュは、ともに——としました。——は、訳文の読みやすさのために訳者が補った場合もあります。

最後に、この訳書の出版にあたってお世話になった方々にお礼を申し述べたいと思います。まず、ゼミ生の鈴木南帆子さん、小泉理菜さんは、翻訳作業の初期の段階で、ワープロ原稿の打ち直しに協力してくださいました。また、ゼミの卒業生の松﨑（旧姓増田）紘子さんは、一通り訳し終わった原稿全体を読んで、日本語としてこなれていない箇所や意味のとりづらい箇所を逐一指摘してくださいました。いちおうの完成原稿が仕上がった段階では、都立大学の石川求さんが、原稿に目を通してくださいました。石川さんからは、訳者が読解上自信をもてないでいた箇所について、貴重なご意見、ご教示をいただくことができました。そして、筑摩書房の北村善洋さんは、ちくま学芸文庫のオリジナル企画としてこの訳書を出版するとほぼ即断即決してくださり、さらに、出版に向けての作業の節目節目で訳者に対して的確な助言を与えてくださいました。皆さんに心より感謝申しあげます。

訳者を代表して　鈴木崇夫

マ行

ヤ行

ラ行

人名索引

本書は「ちくま学芸文庫」のために新たに訳出したものである。

方法序説
ルネ・デカルト
山田弘明訳
「私は考える、ゆえに私はある」。近代以降すべての哲学は、この言葉で始まった。世界中で最も読まれている哲学書の完訳。平明な徹底解説付。

社会分業論
エミール・デュルケーム
田原音和訳
人類はなぜ社会を必要としたか。社会はいかにして発展するか。近代社会学の嚆矢をなすデュルケーム畢生の大著を定評ある名訳で送る。（菊谷和宏）

公衆とその諸問題
ジョン・デューイ
阿部齊訳
大衆社会の到来とともに公共性の成立基盤は衰退した。民主主義は再建可能か？ プラグマティズムの代表的思想家がこの難問を考究する。（宇野重規）

旧体制と大革命
A・ド・トクヴィル
小山勉訳
中央集権の確立、パリ一極集中、そして平等を自由に優先させる精神構造――フランス革命の成果は、実は旧体制の時代にすでに用意されていた。

ニーチェ
ジル・ドゥルーズ
湯浅博雄訳
〈力〉とは差異にこそその本質を有している――ニーチェのテキストを再解釈し、尖鋭なポスト構造主義的イメージを提出した、入門的な小論考。

カントの批判哲学
ジル・ドゥルーズ
國分功一郎訳
近代哲学を再構築してきたドゥルーズが、三批判書を追いつつカントの読み直しを図る。ドゥルーズ哲学が形成される契機となった一冊。新訳。

基礎づけるとは何か
ジル・ドゥルーズ
國分功一郎／長門裕介／西川耕平編訳
より幅広い問題に取り組んでいた、初期の未邦訳論考集。思想家ドゥルーズの「企画の種子」群を紹介し、彼の思想の全体像をいま一度描きなおす。

スペクタクルの社会
ギー・ドゥボール
木下誠訳
状況主義――「五月革命」の起爆剤のひとつとなった芸術＝思想運動――の理論的支柱で、最も急進的かつトータルな現代消費社会批判の書。

論理哲学入門
E・トゥーゲントハット／U・ヴォルフ
鈴木崇夫／石川求訳
論理学とは何か。またそれは言語や現実世界とどんな関係にあるのか。哲学史への確かな目配りと強靭な思索をもって解説するドイツの定評ある入門書。

ニーチェの手紙

茂木健一郎編・解説
塚越敏／眞田収一郎訳

哲学の全歴史を一新させた偉人が、思いを寄せる女性に綴った真情溢れる言葉から、手紙に残した名句まで――書簡から哲学者の真の人間像と思想に迫る。

存在と時間 上・下

M・ハイデッガー
細谷貞雄訳

哲学の根本課題、存在の問題を、現存在としての人間の時間性の視界から解明した大著。刊行時すでに哲学の古典と称された20世紀の記念碑的著作。

「ヒューマニズム」について

M・ハイデッガー
渡邊二郎訳

『存在と時間』から二〇年、沈黙を破った哲学者の後期の思想の精髄。「人間」ではなく「存在の真理」の思索を促す、書簡体による存在論入門。

ドストエフスキーの詩学

ミハイル・バフチン
望月哲男／鈴木淳一訳

ドストエフスキーの画期性とは何か？《ポリフォニー論》と《カーニバル論》という、魅力にみちた二視点を提起した先駆的著作。（望月哲男）

表徴の帝国

ロラン・バルト
宗左近訳

「日本」の風物・慣習に感嘆しつつもそれらを〈零度〉に解体し、詩的素材としてエクリチュールとシーニュについての思想を展開させたエッセイ集。

エッフェル塔

ロラン・バルト
宗左近／諸田和治訳
伊藤俊治図版監修

塔によって触発される表徴を次々に展開させることで、その創造力を自在に操る、バルト独自の構造主義的思考の原形。解説・貴重図版多数併載。

エクリチュールの零度

ロラン・バルト
森本和夫／林好雄訳註

哲学・文学・言語学など、現代思想の幅広い分野に怖るべき影響を与え続けているバルトの理論的主著。詳註を付した新訳決定版。（林好雄）

映像の修辞学

ロラン・バルト
蓮實重彥／杉本紀子訳

イメージは意味の極限である。広告写真や報道写真、そして映画におけるメッセージの記号を読み解き、意味を探り、自在に語る魅惑の映像論集。

ロラン・バルト モード論集

ロラン・バルト
山田登世子編訳

エスプリの弾けるエッセイから、初期の金字塔『モードの体系』に至る記号学的モード研究まで。初期のバルトの才気が光るモード論考集。オリジナル編集・新訳。

ちくま学芸文庫

フィヒテ入門講義《にゅうもんこうぎ》

二〇二一年四月十日　第一刷発行

著者　ヴィルヘルム・G・ヤコプス
訳者　鈴木崇夫（すずき・たかお）
　　　パトリック・グリューネベルク
発行者　喜入冬子
発行所　株式会社　筑摩書房
東京都台東区蔵前二―五―三　〒一一一―八七五五
電話番号　〇三―五六八七―二六〇一（代表）
装幀者　安野光雅
印刷所　星野精版印刷株式会社
製本所　株式会社積信堂

ISBN978-4-480-51045-7 C0110